1 · 2 · 3급 新 HSK
테마별 VOCA

초판인쇄	2012년 1월 2일
초판발행	2012년 1월 9일

저　　자	김연희 · 우치갑 · 임가지 공편
발 행 인	윤우상
책임편집	윤병호, 최준명
북디자인	Design Didot 디자인디도
발 행 처	송산출판사
주　　소	서울특별시 서대문구 홍제 2동 104-6
전　　화	(02) 735-6189
팩　　스	(02) 737-2260
홈페이지	http://www.songsanpub.co.kr
등록일자	1976년 2월 2일. 제 9-40호

ISBN　　978-89-7780-178-3　13720

1·2·3급 新 HSK 테마별 VOCA

김연희·우치갑·임가지 공편

송산출판사

머리말

    저자는 《신HSK 3 · 4 · 5급 테마별 보카》에 이어 이번에 《1 · 2 · 3급 신 HSK 테마별 VOCA》를 출간하게 되었습니다.

    '1 · 2 · 3급 보카'는 중국어를 막 시작한 중국어 학습 초보자들을 대상으로 쓰여 졌다는 점에서 내용면에서 '3 · 4 · 5급 보카'와 확연한 차이가 있습니다. 《1 · 2 · 3급 신HSK 테마별 VOCA》는 한반(汉办)에서 발표한 3급 필수단어 600개를 주제별로 나누어서 단어 상호간의 연상 작용을 이용하여 단기간안에 기초 단어를 쉽게 마스터 할 수 있도록 제시하였으며, 예문 아래에는 중국어 표준 발음에 근거한 한어 병음을 함께 달아 놓아서 중국어 학습 초보자도 쉽게 공부할 수 있도록 하였습니다. 또한 '엄마, 아빠'처럼 간단한 고유 명사를 제외한 나머지 단어에 짧은 실용 예문과 비교적 긴 실용 예문을 각각 실어 놓아서 본인의 실력에 따라 단계별로 학습할 수 있도록 하였습니다. 따라서 600개의 기초 단어만 정확하게 마스터하여도 중국어 기초뿐만 아니라 더 나아가 신HSK 4급 쓰기부분과 중국어 회화를 공부할 때에도 상당히 많은 도움이 될 것입니다.

    이 책의 가장 큰 특징은 '보카 활용 포인트'에서 혼동하기 쉬운 유사단어들을 이해하기 쉽게 정리해 놓았다는 것과 18-24단원에서 중국어 문법과 관련

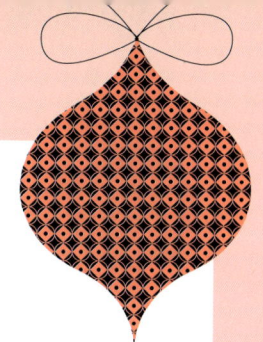

된 단어를 '대명사, 수량사, 조동사, 전치사, 접속사, 부사, 조사' 등 품사별로 구분한 후 각각에 해당하는 문법을 쉽게 설명해 놓아서 중국어 공부를 시작한 지 얼마 안 된 분들이라 할지라도 자연스럽게 중국어 문법의 기본기까지 완전히 마스터할 수 있도록 만전을 기했다는 것입니다.

《1 · 2 · 3급 신HSK 테마별 VOCA》는 현재 한국과 중국에 나와 있는 수많은 단어집에서 보는 것처럼 단순히 단어의 품사, 뜻, 예문만 정리해 놓은 책이 아니기 때문에 이 책으로 중국어 공부를 시작한다면 중국어 학습 원리를 한 눈에 이해할 수 있을 뿐만 아니라 중국어 회화, 문법, 기초 작문 등 중국어 학습 전반에 걸쳐 기본기를 체계적으로 다질 수 있는 발판을 마련할 수 있을 것이라 확신합니다.

끝으로 좋은 책을 내주신 송산출판사 윤우상 사장님, 윤병호 과장님, 최준명 대리님, 신HSK 어학연구소 조교 李喆、小杨 선생님 등에게 감사를 드립니다.

2011년 12월
편저자

목차

1·2·3급 신HSK 테마별 보카

목차

▶ 단순히 단어의 품사, 뜻, 예문만 정리하는 지루한 암기는 이제 그만!
▶ 주제별 구성을 통한 연상학습으로 중국어 기초 완/벽/마/스/터

1 **24개의 주제별 구성을 통한 연상학습으로 기초 단어 집중 암기**

신HSK 1·2·3급에 필요한 600개 단어를 24가지 주제로 나누어서 연상학습을 통해 중국어 학습 초보자들이 두려움 없이 자연스럽게 암기할 수 있도록 하였다.

2 **한어 병음이 있는 짧은 예문과 긴 예문을 동시에 정리**

각 단어마다 한어 병음이 있는 길이가 짧은 예문과 긴 예문을 함께 제시하여서 공부한 기간에 따라 선택적으로 두 단계로 나누어 확실히 공부할 수 있으며, 긴 예문 역시 기초 단어를 최대한 활용한 실용예문으로 중국어 학습 초보자도 어렵지 않게 학습할 수 있다.

3 **실용 예문 중심의 암기로 신HSK 1·2·3급 VOCA 집/중/공/략**

실제 생활에서 자주 쓰이는 예문과 한국어 번역을 통해 단어의 의미를 정확히 파악하여 신HSK VOCA를 집중 공략하여 중국어 회화와 작문에 대한 기초를 확실히 다질 수 있다.

4 **효과적인 시험 대비를 위한 〈VOCA 활용포인트〉 제공**

효과적으로 시험 대비를 할 수 있도록 600개 단어들 중에서도 1·2·3급 시험에 잘 출제되는 단어와 혼동하기 쉬운 유사단어를 선정하여 정리한 'VOCA 활용포인트'를 제공하였다.

5 **중국어 기본 문법 완벽 마스터**

14단원-24단원에서 중국어 기본 문법을 알기 쉽게 일목요연하게 정리하여 중국어 기초 문법을 확실히 마스터할 수 있게 하였다.

6 **수준별로 효율적이고 흥미로운 학습을 위한 VOCA MP3제공**

가장 효율적이고 흥미로운 단어 학습을 위해 교재에 있는 모든 단어와 예문을 정확한 중국 원어민의 발음으로 수록하였다.

MP3 파일의 구성

단어를 들으면서 쉽게 암기할 수 있도록 총 3가지 형태의 MP3 파일을 제공합니다. 1단계를 들으면서 각 단원을 학습하고, 각 단원 안의 소단원이 끝날 때 마다 2단계와 3 단계 파일을 적절히 활용하면 효과적으로 중국어 기초 단어를 마스터할 수 있습니다.

1 MP3 파일 내려 받기 할 수 있는 곳

Daum 카페 한어수평고시(HSK)   http://cafe.daum.net/hskkorea
Daum 카페 신 HSK 어학연구소   http://cafe.daum.net/wchina

2 총 3가지 형태의 녹음 형태

1단계 **중국어 → 한국어 순의 녹음파일**

먼저 중국어 단어를 원어민 발음으로 들려준 후 단어의 한국어 뜻과 이와 관련된 중국어 예문을 각각 들려줍니다. 제시된 단어, 단어의 뜻, 예문을 들으면서 하루에 60분, 한 달만 학습하면 나도 모르게 단어가 암기됩니다.

2단계 **한국어 → 중국어 순의 녹음파일**

제시된 단어의 한국어 뜻을 먼저 들려주고 나서 중국어 단어를 원어민 발음으로 들려주며, 이때 예문은 따로 들려주지 않습니다. 이 파일은 1단계 학습을 마치고 나서 단어를 받아쓰기할 때 유용하게 활용할 수 있습니다. 한국어 뜻을 듣고 나서 중국어 단어를 써보고, 또 중국어 단어를 듣고 나서 한국어 뜻을 적어 보면 듣기부분 실력도 저절로 향상시킬 수 있습니다.

3단계 **중국어 → 중국어 순의 녹음파일**

중국어 단어와 중국어 예문을 들려주며, 이때 단어의 한국어 뜻은 따로 들려주지 않습니다. 1단계와 2단계 학습을 마치고 나고 마지막으로 다시 한 번 총 정리할 때 단어와 문장의 뜻을 생각하면서 이 파일을 정리하면 중국어 기초 단어를 완벽하게 마스터 할 수 있습니다.

일러두기

(명) 명사	(대명) 대명사	(동) 동사	(형) 형용사
(부) 부사	(전) 전치사	(조동) 조동사	(조) 조사
(접) 접속사	(보) 보어	(양) 양사	

1. 주제별 표제 단어로 전체적인 학습 흐름 파악하기

《1·2·3 신HSK 테마별 VOCA》는 총 24개의 주제로 구성되어 있습니다. 단어를 학습하기 전에 우선 목차를 보면서 24개의 주제와 각각의 주제 안에 포함되어 있는 소제목을 보면서 전체적인 학습 흐름을 파악합니다.

2. 모르는 단어부터 암기하기

본문 맨 위 쪽의 네모 박스 안의 단어를 확인하면서 혼동되거나 전혀 모르는 단어는 옆쪽의 체크박스에 체크해 둔 후에 아래의 본문 단어 정리에서 우선 적으로 정리해 나갑니다.

3. 짧은 예문 → 긴 예문의 순서로 마스터하기

모르는 단어를 처음 암기할 때 짧은 예문을 중심으로 책의 처음 페이지부터 끝 페이지까지 시간을 정해놓고 빨리 집중적으로 한 번 정리합니다. 책 한 권을 다 보고 난 후에 두 번째 정리할 때에도 같은 방법으로 책을 보되 긴 예문 위주로 정리해 나갑니다.

4. 보카 활용 포인트 정리하기

책을 세 번째 볼 때에는 보카 활용 포인트 내용을 집중적으로 소설 책 읽듯이 이해를 하면서 읽어 내려가며, 암기해야 하는 주요 내용은 소리 내어 읽으면서 암기를 합니다.

5. 문법 마스터하기

14단원~24단원까지 정리되어 있는 문법은 보카 활용포인트 내용을 먼저 읽어 본 후 단어를 정리합니다.

6. 책의 부록편

(1) 단어의 한어병음 색인

24개의 주제별로 구성된 신HSK 1·2·3급의 모든 단어를 한어병음 순으로 정렬하여 사전처럼 활용할 수 있어서 보카 책에 수록된 단어를 찾아보기 쉽게 했습니다.

(2) 보카 활용포인트 색인

신HSK 시험과 직결되는 유사단어만 선별해서 우선적으로 쉽게 찾아 학습할 수 있습니다.

7. 중국어-한국어 동시 녹음

들으면서 바로 암기할 수 있도록 모든 단어와 예문을 중국어와 한국어로 녹음하였습니다. 주제별 단어와 예문을 중국 원어민의 정확한 발음이 담긴 MP3 파일로 들어보시면 예문 청취를 통해 단어의 정확한 의미파악은 물론 듣기학습까지 병행할 수 있습니다.

1 사람, 가족

(1) 사람

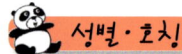 성별·호칭

☐ 人	rén	사람	☐ 小姐	xiǎojiě	미스, ~양, 아가씨
☐ 男人	nánrén	남자	☐ 先生	xiānsheng	선생, ~씨
☐ 女人	nǚrén	여자	☐ 朋友	péngyou	친구
☐ 孩子	háizi	아이	☐ 邻居	línjū	이웃

人
rén

(명) 사람

机场里有很多人在等飞机。
Jīchǎng li yǒu hěn duō rén zài děng fēijī.
공항에서 많은 사람들이 비행기를 기다리고 있다.

* 机场 jīchǎng 공항
* 在 zài ~에(서) / ~에 있다 / 마침, 한창 ~하고 있(는 중이)다
　[= 正在 zhèngzài]

男人
nánrén

(명) 남자

公司里来了两个男人，他们要找经理。
Gōngsī lǐ lái le liǎng ge nánrén, tāmen yào zhǎo jīnglǐ.
회사에 남자 두 명이 왔는데 그들은 사장을 찾으려고 한다.

* 找 zhǎo 찾다 / (돈)을 거슬러주다
* 经理 jīnglǐ 사장

女人
nǚrén

(명) 여자

女人几乎都喜欢花，特别是玫瑰花。
Nǚrén jīhū dōu xǐhuan huā, tèbié shì méiguihuā.
여자는 거의 대부분 꽃을 좋아하는데 특히 장미꽃을 좋아한다.

* 几乎 jīhū 거의, 대부분
* 特别 tèbié (그 중에서도) 특히
* 玫瑰花 méiguihuā 장미꽃

孩子
háizi

(명) 아이

他早上先把孩子送到幼儿园，然后去
Tā zǎoshang xiān bǎ háizi sòngdào yòu'éryuán, ránhòu qù

上班。
shàng bān.

그는 아침에 우선 아이를 유치원에 보내고 나서 출근한다.

* 把 bǎ ~을
* 送 sòng 배웅하다, 전송하다, 데려다 주다
* 送到 sòngdào ~까지 보내다
* 幼儿园 yòu'éryuán 유치원
* 然后 ránhòu 그리고 나서, 그 후

小姐
xiǎojiě

(명) 미스, ~양, 아가씨

那位小姐是商店的服务员，她很热情。
Nà wèi xiǎojiě shì shāngdiàn de fúwùyuán, tā hěn rèqíng.

그 아가씨는 상점의 종업원인데 매우 친절하다.

* 位 wèi (사람을 세는 단위) 분

先生
xiānsheng

(명) ① 지식인에 대한 호칭, 선생님, Mr, ~씨 [성인 남
자에 대한 존칭] ② 남편을 부르는 호칭

这位先生是警察，你有什么事可以给
Zhè wèi xiānsheng shì jǐngchá, nǐ yǒu shénme shì kěyǐ gěi

他打电话。
tā dǎ diànhuà.

이 분은 경찰이니 무슨 일이 생기면 그에게 전화하면 된다.

* 警察 jǐngchá 경찰
* 可以 kěyǐ ~해도 좋다, ~해도 된다

我先生是一家公司的老板，每天很忙。
Wǒ xiānsheng shì yì jiā gōngsī de lǎobǎn, měitiān hěn máng.

내 남편은 회사 사장인데 매일 바쁘다.

* 家 jiā (양사) 가정, 가게, 기업을 세는 단위 [보통 이윤추구를 위해 세워진
  곳을 말함]
* 老板 lǎobǎn 사장
* 每天 měitiān 매일

朋友
péngyou

(명) 친구

我有很多中国朋友。
Wǒ yǒu hěn duō Zhōngguó péngyou.
나는 중국 친구가 많이 있다.

邻居
línjū

(명) 이웃

小王是我的邻居，他很善良。
XiǎoWáng shì wǒ de línjū, tā hěn shànliáng.
샤오왕은 나의 이웃인데 매우 착하다.

* 善良 shànliáng 착하다, 선량하다

신체구조

☐ 身体	shēntǐ	몸, 신체	☐ 声音	shēngyīn	(목)소리
☐ 脸	liǎn	얼굴	☐ 头发	tóufa	머리카락
☐ 眼睛	yǎnjing	눈	☐ 腿	tuǐ	다리
☐ 鼻子	bízi	코	☐ 脚	jiǎo	발
☐ 耳朵	ěrduo	귀			

身体
shēntǐ

(명) 몸, 신체

爸爸喜欢运动，身体越来越好了。
Bàba xǐhuan yùndòng, shēntǐ yuèláiyuè hǎo le.
아빠는 운동을 좋아하셔서서 건강이 점점 좋아지셨다.

* 运动 yùndòng 운동(하다)
* 越来越 yuèláiyuè 점점, 갈수록 …하다

脸
liǎn

(명) 얼굴

天气太热了，他的脸上有很多汗水。
Tiānqì tài rè le, tā de liǎn shang yǒu hěn duō hànshuǐ.
날씨가 너무 더워서 그의 얼굴에 땀이 많다.

* 热 rè 덥다
* 汗水 hànshuǐ 땀

眼睛
yǎnjing

(명) 눈

她有一双迷人的大眼睛，很美丽。
Tā yǒu yì shuāng mírén de dà yǎnjing, hěn měilì.
그녀는 사람을 매혹시키는 큰 눈을 가지고 있는데 매우 아름답다.

* 双 shuāng (양사) ~쌍, ~짝, ~켤레 [신체기관 중 양 쪽으로 되어있는 곳
또는 신발을 세는 단위]
* 迷人 mírén 매력적이다, 매혹적이다
* 美丽 měilì 아름답다, 예쁘다

鼻子
bízi

(명) 코

今天天气太冷了，她的耳朵和鼻子都
Jīntiān tiānqì tài lěng le, tā de ěrduo hé bízi dōu

红了。
hóng le.
오늘 날씨가 너무 추워서 그녀의 귀와 코가 다 빨갛게 되었다.

耳朵
ěrduo

(명) 귀

我家养了一只小白兔，耳朵长长的。
Wǒ jiā yǎng le yì zhǐ xiǎo báitù, ěrduo chángcháng de.
우리 집에서 작은 토끼 한 마리를 기르는데, 귀가 아주 길다.

* 养 yǎng 기르다
* 只 zhǐ (양사) ~마리 [동물을 세는 단위]
* 白兔 báitù 토끼

声音
shēngyīn

(명) (목)소리

小鸟叫的声音真好听。
Xiǎoniǎo jiào de shēngyīn zhēn hǎo tīng.
새의 지저귀는 소리는 정말 듣기 좋다.

电视声音太大了，请小声一点。
Diànshì shēngyīn tài dà le, qǐng xiǎo shēng yì diǎn.
TV 소리가 너무 크니 좀 줄여줘.

头发
tóufa

(명) 머리카락

她昨天去美容院，剪了头发。
Tā zuótiān qù měiróngyuàn, jiǎn le tóufa.
그녀는 어제 미용실에 가서 커트머리를 했다.

* 美容院 měiróngyuàn 미용실
* 剪 jiǎn (가위 등으로) 자르다, 깎다, 끊다, 절단하다

腿 tuǐ

(명) 다리

真奇怪，我的腿怎么这么疼？
Zhēn qíguài, wǒ de tuǐ zěnme zhème téng?
정말 이상하네, 내 다리가 어째서 이렇게 아프지?

* 奇怪 qíguài 이상하다, 기이하다
* 怎么 zěnme 어째서, 왜 / 어떻게

脚 jiǎo

(명) 발

他的脚很大，这双鞋穿不进去。
Tā de jiǎo hěn dà, zhè shuāng xié chuān bu jìn qù.
그의 발이 커서 이 신발이 들어가지 않는다.

나이·외모

☐	岁 suì	~세, ~살	☐	长 zhǎng	자라다
☐	老 lǎo	나이가 들다, 나이 먹다	☐	可爱 kě'ài	귀엽다
☐	年轻 niánqīng	나이가 젊다	☐	漂亮 piàoliang	예쁘다
☐	大 dà	(나이가) 많다	☐	像 xiàng	닮다
☐	小 xiǎo	(나이가) 적다	☐	一样 yíyàng	같다, 동일하다
☐	矮 ǎi	(키가) 작다	☐	一般 yìbān	보통이다, 일반적이다
☐	高 gāo	(키가) 크다			
☐	胖 pàng	(몸이) 뚱뚱하다			
☐	瘦 shòu	(몸이) 마르다			

岁
suì

(명) ~살

我有两个妹妹，一个是二十岁，另一
Wǒ yǒu liǎng ge mèimei, yí ge shì èrshí suì, lìng yí

个是十八岁。
ge shì shíbā suì.

나는 여동생이 두 명 있는데, 한 명은 스무 살이고 다른 한 명은 열여
덟 살이다.

* 另 lìng 다른, 그 밖의 / 따로, 달리, 별도로

老
lǎo

(형) 늙다, 나이가 먹다

爷爷老得头发和胡子都白了。
Yéye lǎo de tóufa hé húzi dōu bái le.

할아버지는 연세가 있으셔서 머리카락과 수염이 모두 하얗게 되셨다.

* 得 동사나 형용사 뒤에 쓰여 정도를 나타내거나, 상태나 모습의 정도를 묘사
　　하는데 쓰임
* 胡子 húzi 수염

他今年才30岁，看起来很老，像50岁。
Tā jīnnián cái sānshí suì, kàn qǐ lái hěn lǎo, xiàng wǔshí suì.

그는 올해 겨우 서른 살인데 나이가 들어 보여서 마치 쉰 살 같다.

* 像 xiàng 마치 ~와 같다

年轻
niánqīng

(형) (나이가) 젊다

前几天这对年轻夫妇一起去旅游了。
Qiánjǐtiān zhè duì niánqīng fūfù yìqǐ qù lǚyóu le.

며칠 전에 이 젊은 부부는 함께 여행을 갔다.

* 夫妇 fūfù 부부
* 对 duì (양사) ~쌍, ~짝 [성별, 좌우, 정반 등 두 쪽을 이루고 있는 것을 세
　　는 단위]

小兰很爱打扮，朋友都说她很年轻。
Xiǎolán hěn ài dǎban, péngyou dōu shuō tā hěn niánqīng.

샤오란은 꾸미는 것을 좋아해서 친구들은 모두 그녀가 젊다고 말한다.

大
dà

(형) ① (크기가) 크다 ② (나이가) 많다

装修以后，房间显得更大了。
Zhuāngxiū yǐhòu, fángjiān xiǎnde gèng dà le.

인테리어를 하고나서 방이 더욱 커 보인다.

* 装修 zhuāngxiū (집이나 건물 등을) 장식하고 꾸미다
* 更 gèng 더욱
* 显得 xiǎnde ~하게 보이다, ~한 것 같다

他比我大五岁，已经工作十年了。
Tā bǐ wǒ dà wǔ suì, yǐjīng gōngzuò shí nián le.
그는 나보다 다섯 살이 많은데 이미 십 년 동안 일했다.

小
xiǎo

(형) ① (크기가) 작다 ② (나이가) 적다, 어리다

你写的字太小了，我看不见。
Nǐ xiě de zì tài xiǎo le, wǒ kàn bu jiàn.
네가 쓴 글씨가 너무 작아서 안 보인다.

* 看不见 kàn bu jiàn 보이지 않다

我比姐姐小一岁，我们俩都是大学生。
Wǒ bǐ jiějie xiǎo yí suì, wǒmen liǎ dōu shì dàxuéshēng.
나는 언니보다 한 살이 어린데 우리 둘은 모두 대학생이다.

* 俩 liǎ 두 개, 두 사람

矮
ǎi

(형) 키가 작다

他的个子很矮，不能参加篮球队。
Tā de gèzi hěn ǎi, bù néng cānjiā lánqiú duì.
그는 키가 작아서 농구팀에 참가할 수 없다.

* 队 duì (어떤 성질을 지닌) 단체, 팀

这棵树都种了10年了，还是很矮。
Zhè kē shù dōu zhòng le shí nián le, hái shì hěn ǎi.
이 나무는 십 년이나 길렀는데도 여전히 작다.

* 棵 kē (양사) ~그루, ~포기 [나무를 세는 단위]
* 树 shù 나무
* 种 zhòng 심다, 파종하다

高
gāo

(형) ① (키가) 크다 ② (높이, 정도, 수준 등이) 높다

他个子很高，人也长得很帅。
Tā gèzi hěn gāo, rén yě zhǎng de hěn shuài.
그는 키가 크고 잘 생겼다.

* 帅 shuài 잘생기다, 멋지다

她的汉语水平很高，都通过新HSK
Tā de Hànyǔ shuǐpíng hěn gāo, dōu tōngguò xīn HSK

6级了。
liùjí le.

그녀의 중국어 실력은 매우 높아서, 이미 신HSK 6급 시험을 통과했다.

* 水平 shuǐpíng 수준
* 通过 tōngguò 통과하다

胖 pàng

(형) (몸이) 뚱뚱하다, 살찌다

最近我越来越胖了，以前的衣服都不
Zuìjìn wǒ yuèláiyuè pàng le, yǐqián de yīfu dōu bù

能穿了。
néng chuān le.

최근에 나는 점점 뚱뚱해져서 예전의 옷을 입을 수 없게 되었다.

他每天吃得很多，可是不喜欢运动，
Tā měitiān chī de hěn duō, kěshì bù xǐhuan yùndòng,

胖了不少。
pàng le bùshǎo.

그는 매일 많이 먹지만 운동을 좋아하지 않아서 살이 많이 쪘다.

* 不少 bùshǎo 적지 않다, 많다

瘦 shòu

(형) (몸이) 마르다, 여위다

以前她的脸很胖，现在脸瘦下来了。
Yǐqián tā de liǎn hěn pàng, xiànzài liǎn shòu xià lái le.

예전에 그녀의 얼굴은 통통했었는데, 지금은 야위었다.

我们两年没见了，他比以前瘦了很多。
Wǒmen liǎng nián méi jiàn le, tā bǐ yǐqián shòu le hěn duō.

우리는 2년 만에 만났는데, 그는 예전보다 많이 말랐다.

长 cháng zhǎng

(형/동) ① (길이가) 길다 ② 자라다, 성장하다, 생장하다

你的头发太长了，去美容室剪一剪吧。
Nǐ de tóufa tài cháng le, qù měiróngshì jiǎn yi jiǎn ba.

네 머리가 너무 기니까 미용실에 가서 좀 잘라라.

孩子长大了，变得懂事听话了。
Háizi zhǎng dà le, biàn de dǒng shì tīng huà le.
아이가 컸어요, 이제는 철이 들어서 말을 잘 들어요.

* 懂事 dǒng shì 철들다
* 变 biàn 변하다
* 听话 tīng huà (어른·윗사람의) 말을 잘 듣다

보카 활용포인트

'长'은 형용사로 쓰이는 경우 '길이가 길다'는 뜻으로 'cháng'으로 발음하고, 동사로 쓰이는 경우 '자라다, 성장하다'는 뜻으로 'zhǎng'으로 발음합니다.

可爱
kě'ài

(형) 귀엽다, 사랑스럽다

大家都喜欢这个可爱的男孩儿。
Dàjiā dōu xǐhuan zhè ge kě'ài de nánhár.
모두들 이 귀여운 남자 아이를 좋아한다.

妈妈把孩子打扮得很可爱，像个洋娃娃。
Māma bǎ háizi dǎban de hěn kě'ài, xiàng ge yángwáwa.
엄마는 아이를 귀엽게 꾸며 주어서 마치 인형 같다.

* 打扮 dǎban 치장하다, 단장하다, 꾸미다 / 화장하다
* 洋娃娃 yángwáwa 인형

漂亮
piàoliang

(형) 예쁘다, 멋지다

这条裙子真漂亮，你是在哪里买的？
Zhè tiáo qúnzi zhēn piàoliang, nǐ shì zài nǎlǐ mǎi de?
이 치마는 정말 예쁘네요, 어디서 샀어요?

* 裙子 qúnzi 치마

这个女人很漂亮，听说是个演员。
Zhè ge nǚrén hěn piàoliang, tīngshuō shì ge yǎnyuán.
이 여자는 예쁜데 배우라고 들었다.

* 听说 tīngshuō 듣자(하)니, 듣건대
* 演员 yǎnyuán 배우

像
xiàng

(동/부) 닮다, 비슷하다 / 마치 (~와 같다)

你和妈妈长得真像啊。
Nǐ hé māma zhǎng de zhēn xiàng a.
너는 엄마와 정말 닮았구나.

他像爸爸一样关心我，让我很感动。
Tā xiàng bàba yíyàng guānxīn wǒ, ràng wǒ hěn gǎndòng.
그는 아빠처럼 나에게 관심을 가져주어서 나를 감동하게 하였다.

* 像 ~ 一样 ～처럼, ～와 같이, 똑같이
* 感动 gǎndòng 감동하다
* 让 ràng ～를 …하게 하다

보카 활용포인트

'像'은 서술어가 없는 경우에는 동사로 '～와 닮다'라는 뜻으로 쓰이지만, 서술어가 있는 경우에는 서술어 앞에서 부사로 '마치 ～와 같다'의 뜻으로 쓰입니다. 부사로 쓰이는 경우 '好像'과 동의어이며, 보통 '(好)像 ～ 一样[= 似的 shì de]'의 형태로 쓰는 경우가 많습니다.

一样
yíyàng

(형) 같다, 동일하다

小李长得跟我一样高。
XiǎoLǐ zhǎng de gēn wǒ yíyàng gāo.
샤오리는 나와 똑같이 키가 크다.

小兰和她的妹妹长得一样，我分不清
XiǎoLán hé tā de mèimei zhǎng de yíyàng , wǒ fēn bu qīng
哪一个是她。
nǎ yí ge shì tā.
샤오란과 그녀의 여동생은 똑같이 생겨서 나는 누가 그녀인지 확실히 분간할 수 없다.

* 分不清 fēn bu qīng 확실히 분간하지 못하다, 확실히 분간할 수 없다

一般
yìbān

(형) 보통이다, 일반적이다
(부) 일반적으로, 보통

她的男朋友长得很一般。
Tā de nán péngyou zhǎng de hěn yìbān.
그녀의 남자친구는 생긴 것이 보통이다.

周末的时候，我一般在家休息不出去。
Zhōumò de shíhou, wǒ yìbān zài jiā xiūxi bù chūqu.
나는 주말에 보통 집에서 쉬고 외출하지 않는다.

(2) 사람의 감정 표현과 태도

감정

☐ 想	xiǎng	생각하다	☐ 满意	mǎnyì	만족하다
☐ 认为	rènwéi	생각하다, 여기다	☐ 放心	fàngxīn	안심하다
☐ 以为	yǐwéi	생각하다, 여기다	☐ 难过	nánguò	괴롭다, 슬프다
☐ 觉得	juéde	~라고여기다, 생각하다	☐ 奇怪	qíguài	이상하다
☐ 爱	ài	사랑하다	☐ 累	lèi	지치다, 피로하다
☐ 喜欢	xǐhuan	좋아하다	☐ 疼	téng	아프다
☐ 好	hǎo	좋다	☐ 着急	zháojí	조급해하다
☐ 高兴	gāoxìng	기쁘다	☐ 担心	dānxīn	걱정하다
☐ 快乐	kuàilè	즐겁다, 유쾌하다	☐ 害怕	hàipà	두려워하다
☐ 舒服	shūfu	편안하다			
☐ 方便	fāngbiàn	편리하다			

想
xiǎng

(조동사) ~하고 싶다
(동) ① 생각하다　② 몹시 그리워하다, 보고 싶다

我和他吵架了, 我不想看见他。
Wǒ hé tā chǎo jià le, wǒ bù xiǎng kànjiàn tā.
나는 그와 말다툼을 해서 그를 보고 싶지 않다.

* 吵架 chǎo jià 말다툼하다, 다투다

我终于想出来了一个好办法。
Wǒ zhōngyú xiǎng chū lái le yí gè hǎo bànfǎ.
그는 마침내 좋은 방법을 생각해 냈다.

* 终于 zhōngyú 마침내, 결국은

보카 활용포인트
문장 중에 서술어가 있으면 '想'은 그 앞에 조동사로 쓰이고, 문장 중에 서술어가 없으면 '想'은 동사서술어로 쓰입니다.

认为
rènwéi

(동) ~라고 생각하다, 여기다

他认为这家商店是最好的。
Tā rènwéi zhè jiā shāngdiàn shì zuì hǎo de.
그는 이 상점이 가장 좋다고 생각한다.

我认为你做的不对，你应该向他道歉。
Wǒ rènwéi nǐ zuò de bú duì, nǐ yīnggāi xiàng tā dàoqiàn.
나는 네가 옳지 않다고 생각해, 네가 당연히 그에게 사과해야 한다.

* 道歉 dàoqiàn 사과하다
* 向 xiàng ~(으)로, ~에게, ~을 향하여

以为
yǐwéi

(동) ~라고 여기다, 생각하다, 간주하다

看到屋子里没人，我以为你已经走了。
Kàndào wūzi lǐ méi rén, wǒ yǐwéi nǐ yǐjīng zǒu le.
방 안에 사람이 없는 것을 보고 나는 네가 이미 갔다고 생각했다.

他以为没人知道这件事，其实大家都
Tā yǐwéi méi rén zhīdào zhè jiàn shì, qíshí dàjiā dōu

知道了。
zhīdào le.
그는 이 일을 아는 사람이 없다고 생각했지만 사실 모두 다 이미 알고 있다.

* 其实 qíshí (그러나) 사실은

> **보카 활용포인트**
> '认为'와 '以为'는 둘 다 '~라고 생각하다, 여기다'는 뜻입니다. 그러나 객관적이고 옳은 생각에는 '认为'를 쓰고, 주관적이고 잘못된 생각에는 '以为'를 씁니다.

觉得
juéde

(동) ~라고 여기다, 생각하다, ~라고 느끼다

他觉得坐出租车比较方便。
Tā juéde zuò chūzūchē bǐjiào fāngbiàn.
그는 택시를 타는 것이 비교적 편리하다고 생각한다.

* 出租车 chūzūchē 택시

我觉得天气太热了，不出去了。
Wǒ juéde tiānqì tài rè le, bù chūqu le.
날이 너무 더운 것 같아서 나는 외출하지 않을 것이다.

爱
ài

(동) ① 사랑하다 ② ~하기를 좋아하다, 즐겨 ~하다

结婚几十年了，她一直很爱丈夫。
Jié hūn jǐ shí nián le, tā yìzhí hěn ài zhàngfu.
결혼한 지 수 십 년이 되었는데 그녀는 줄곧 남편을 사랑한다.

* 一直 yìzhí 줄곧, 곧장
* 丈夫 zhàngfu 남편

他很爱喝酒，一次能喝五瓶啤酒。
Tā hěn ài hē jiǔ, yí cì néng hē wǔ píng píjiǔ.
그는 술 마시는 것을 매우 좋아해서 한 번에 맥주 다섯 병을 마실 수 있다.

* 酒 jiǔ 술
* 啤酒 píjiǔ 맥주
* 瓶 píng (양사) ~병 [병 모양으로 된 것을 세는 단위]

喜欢
xǐhuan

(동) 좋아하다

我喜欢和朋友在一起聊天。
Wǒ xǐhuan hé péngyou zài yìqǐ liáotiān.
나는 친구와 함께 이야기하는 것을 좋아한다.

* 一起 yìqǐ 같이, 함께
* 聊天 liáotiān 잡담, 한담

姐姐从小就喜欢唱歌，现在她成了一
Jiějie cóngxiǎo jiù xǐhuan chàng gē, xiànzài tā chéng le yí

位音乐老师。
wèi yīnyuè lǎoshi.
누나는 어릴 때부터 노래 부르는 것을 좋아했는데 지금은 음악 선생님이 되었다.

* 从小 cóngxiǎo 어린 시절부터, 어릴 때부터
* 成 chéng ~이 되다, ~(으)로 변하다

好
hǎo

(형) 좋다

这个东西是最好的，请你试一试。
Zhè ge dōngxi shì zuì hǎo de, qǐng nǐ shì yi shì.
이 물건이 제일 좋은 건데 한 번 써 보세요.

他做完手术后，身体一天比一天好了。
Tā zuòwán shǒushù hòu, shēntǐ yì tiān bǐ yì tiān hǎo le.
그는 수술하고 나서 건강이 나날이 좋아졌다.

* 完 동사 뒤에 쓰여 '동작이 끝남'을 나타낸다.
* 一天比一天 yì tiān bǐ yì tiān 나날이, 점점 더

高兴
gāoxìng

(형/동) 기쁘다 / 좋아하다, 기뻐하다, 흐뭇해하다

他高兴地接受了我的礼物。
Tā gāoxìng de jiēshòu le wǒ de lǐwù.
그는 내 선물을 기쁘게 받았다.

* 接受 jiēshòu 받다

我很高兴认识你，希望我们能成为
Wǒ hěn gāoxìng rènshí nǐ, xiwàng wǒmen néng chéngwéi
好朋友。
hǎo péngyou.
당신을 알게 되서 기뻐요, 우리가 좋은 친구가 될 수 있으면 좋겠어요.

* 成为 chéngwéi ～이 되다, ～(으)로 되다

快乐
kuàilè

(형) 즐겁다, 유쾌하다

自从放暑假以后，我感到很快乐。
Zìcóng fàng shǔjià yǐhòu, wǒ gǎndào hěn kuàilè.
여름 방학을 한 후로 나는 너무 즐겁게 여겨진다.

* 感到 gǎndào 느끼다, 생각하다, 여기다

他是个快乐的小孩儿，脸上总是带着
Tā shì gè kuàilè de xiǎohár, liǎn shàng zǒngshì dàizhe
笑容。
xiàoróng.
그는 유쾌한 어린이로 얼굴에 항상 미소를 띠고 있다.

* 自从 zìcóng (행위나 상황의 기점, 출발) ～로 부터
* 总是 zǒngshì 늘, 항상
* 带 dài (얼굴 표정을) 띠다 / (몸에) 지니다, 가지다 / 인솔하다, 데리다
* 笑容 xiàoróng 웃는 얼굴(표정), 웃음 띤 얼굴

舒服
shūfu

(형) (육체적, 정신적으로) 편안하다

吃了药以后，我感觉舒服多了。
Chī le yào yǐhòu, wǒ gǎnjué shūfu duō le.
나는 약을 먹고 나서 훨씬 편안해졌다.

* 药 yào 약
* 以后 yǐhòu ∼이후, ∼하고 나서

我今天身体不舒服，要去医院。
Wǒ jīntiān shēntǐ bù shūfu, yào qù yīyuàn.
나는 오늘 몸이 안 좋아서 병원에 가려고 한다.

方便
fāngbiàn

(형) 편리하다

买了车以后，我感觉方便多了。
Mǎi le chē yǐhòu, wǒ gǎnjué fāngbiàn duō le.
나는 차를 사고 나서 많이 편해졌다고 느낀다.

超市就在附近，很方便，我们步行去
Chāoshì jiù zài fùjìn, hěn fāngbiàn, wǒmen bùxíng qù

就可以了。
jiù kěyǐ le.
수퍼마켓이 바로 근처에 있어서 아주 편리해, 우리는 걸어가면 된다.

* 附近 fùjìn 부근, 근처
* 步行 bùxíng 보행하다, 걷다

满意
mǎnyì

(형) 만족하다, 만족스럽다

搬进了大房子后，妈妈感到很满意。
Bānjìn le dà fángzi hòu, māma gǎn dào hěn mǎnyì.
큰 집으로 이사하고 나서 엄마께서는 매우 만족스럽게 여기신다.

* 搬 bān 옮겨가다, 이사하다

看到孩子考试得了第一名，爸爸满意
Kàndào háizi kǎoshì dé le dìyīmíng, bàba mǎnyì

地笑了。
de xiào le.
아이가 시험에서 일 등을 한 것을 보고 아빠는 만족스럽게 웃었다.

* 地 de [=di] '수량사/동사/형용사 + 地'의 형태로 쓰여 서술어 앞의 부사
어로 쓰임.

放心
fàng xīn

(동) 안심하다, 마음을 놓다

你放心，这件事我会办好的。
Nǐ fàngxīn, zhè jiàn shì wǒ huì bànhǎo de.
안심하십시오, 저는 이 일을 반드시 잘 처리할 것입니다.

* 办好 bànhǎo (일을) 잘하다, 잘 처리하다

我不放心你一个人回家，还是我送你
Wǒ bú fàngxīn nǐ yí ge rén huí jiā, háishi wǒ sòng nǐ
回去吧。
huíqù ba.
나는 네가 혼자 집에 가는 것이 불안해, 아무래도 내가 데려다 주는 게
낫겠어.

难过
nánguò

(형) ① 괴롭다, 슬프다 ② (생활이) 어렵다

看见他受伤，我难过得哭了。
Kànjiàn tā shòushāng, wǒ nánguò de kū le.
그가 다친 것을 보고 나는 슬퍼서 울었다.

* 受伤 shòu shāng 부상당하다, 부상을 입다, 상처를 입다

爸爸失业了，家里的日子有些难过。
Bàba shīyè le, jiā lǐ de rìzi yǒu xiē nánguò.
아빠께서 실직을 하셔서 생활이 좀 어렵다.

* 失业 shīyè 일을 잃다, 실직하다, 직업을 잃다

奇怪
qíguài

(형) 이상하다

最近发生了很多奇怪的事情。
Zuìjìn fāshēng le hěn duō qíguài de shìqíng.
최근에 이상한 일들이 많이 생겼다.

今天天气很奇怪，一会儿阴一会儿晴。
Jīntiān tiānqì hěn qíguài, yíhuìr yīn yíhuìr qíng.
오늘 날씨가 이상하다, 흐렸다 맑았다 한다.

* 一会儿 ~ 一会儿 이랬다가 저랬다가

累
lèi

(형) 피로하다, 피곤하다

他工作了一整天，感觉有点儿累了。
Tā gōngzuò le yì zhěngtiān, gǎnjué yǒu diǎr lèi le.
그는 하루 종일 일해서 좀 피곤하게 느껴졌다.

* 有点儿 yóudiǎr 좀, 약간 [주로 부정적인 뜻을 나타냄]

我工作了十几个小时了，感觉很累，
Wǒ gōngzuò le shí jǐ ge xiǎoshí le, gǎnjué hěn lèi,

想要休息了。
xiǎng yào xiūxi le.
나는 십여 시간을 일했고, 너무 피곤해서 쉬고 싶어졌다.

* 小时 xiǎoshí (경과한) 시간

疼
téng

(동) ① 아프다 ② 몹시 귀여워하다, 매우 사랑하다

他的腿受伤了，感到很疼。
Tā de tuǐ shòu shāng le, gǎndào hěn téng.
그는 다리를 다쳐서 매우 아팠다.

妈妈很疼爱孩子，从来不让孩子干活。
Māma hěn téngài háizi, cónglái bú ràng háizi gànhuó.
엄마는 아이를 무척 사랑해서 지금껏 아이에게 일을 시킨 적이 없다.

* 从来 cónglái (과거부터) 지금까지, 여태껏 [주로 부정형으로 쓰임]
* 干活 gànhuó 일하다

着急
zháojí

(동) 조급해 하다, 초조해 하다

请不要着急，慢慢儿来。
Qǐng búyào zháojí, mànmār lái.
서두르지 마시고 천천히 하세요.

* 不要 búyào ~하지 마라, ~해서는 안 된다

这份文件我着急要，请马上送过来。
Zhè fèn wénjiàn wǒ zháojí yào, qǐng mǎshàng sòng guò lái.
저는 이 문서가 급히 필요합니다. 바로 보내주세요.

* 文件 wénjiàn 문서, 서류
* 马上 mǎshàng 즉시, 바로

担心
dān xīn

(동) 걱정하다

他平时很忙，我担心他生病。
Tā píngshí hěn máng, wǒ dānxīn tā shēng bìng.
그는 평소에 너무 바빠서 나는 그가 병이 날까봐 걱정이다.

* 平时 píngshí 평소, 평상시, 보통 때

妈妈担心孩子一个人在国外生活。
Māma dānxīn háizi yí ge rén zài guówài shēnghuó.
엄마는 아이가 혼자 외국에서 생활하는 것을 걱정한다.

* 一个人 yí ge rén 한사람

害怕
hàipà

(동) 두려워하다, 무서워하다

我害怕明天下雨，不能出去玩儿。
Wǒ hàipà míngtiān xià yǔ, bù néng chūqu wár.
나는 내일 비가 와서 나가지 못할까봐 걱정된다.

我弟弟感冒了，去医院时，害怕打针，
Wǒ dìdi gǎ mào le, qù yīyuàn shí, hàipà dǎ zhēn,

突然哭起来了。
tūrán kūqǐlái le.
남동생은 감기에 걸려 병원에 갔을 때 주사를 맞는 것이 무서워서 갑자기 울기 시작했다.

* 打针 dǎ zhēn 주사를 맞다
* 突然 tūrán 갑자기, 별안간

태도·행동

☐ 笑	xiào	웃다	☐ 站	zhàn	(일어)서다
☐ 哭	kū	(소리 내어) 울다	☐ 等	děng	기다리다
☐ 生气	shēng qì	화를 내다	☐ 准备	zhǔnbèi	준비(하다)
☐ 关心	guānxīn	관심을 갖다	☐ 打算	dǎsuan	~하려고하다
☐ 小心	xiǎoxīn	조심하다	☐ 出现	chūxiàn	출현하다
☐ 注意	zhùyì	주의하다	☐ 检查	jiǎnchá	검사하다
☐ 相信	xiāngxìn	믿다	☐ 发现	fāxiàn	발견하다
☐ 认真	rènzhēn	열심히 하다	☐ 解决	jiějué	해결하다
☐ 努力	nǔlì	노력하다	☐ 接	jiē	맞이하다, 마중하다
☐ 热情	rèqíng	친절하다, 열정(적이다)	☐ 决定	juédìng	결정(하다)
☐ 照顾	zhàogù	돌보다, 보살펴주다	☐ 选择	xuǎnzé	선택하다
☐ 习惯	xíguàn	습관(이 되다), 익숙해지다	☐ 做	zuò	만들다,(일)하다
			☐ 让	ràng	~하도록 시키다
			☐ 使	shǐ	(~에게) …하게 하다, 시키다

笑
xiào

(동) 웃다

准备好了吗？笑一笑，一，二，三。
Zhǔnbèi hǎo le ma? Xiào yi xiào, yī, èr, sān.
준비되었습니까? 웃으세요. 하나, 둘, 셋.

* 准备 zhǔnbèi 준비하다

看到孩子可爱的表情，妈妈忍不住笑了。
Kàndào háizi kěài de biǎoqíng, māma rěnbúzhù xiào le.
아이의 귀여운 표정을 보고 엄마는 참지 못하고 웃었다.

* 表情 biǎoqíng 표정
* 忍不住 rěnbúzhù 견딜 수 없다, 참을 수 없다

哭
kū

(동) (소리 내어) 울다

小王，别哭，你怎么了？
XiǎoWáng, bié kū, nǐ zěnme le?
샤오왕, 울지 마, 무슨 일이니?

* **怎么了** zěnme le 무슨 일이야? 어떻게 된 거야?

孩子睡醒以后，看不到妈妈，
Háizi shuìxǐng yǐhòu, kàn bú dào māma,
就哭起来了。
jiù kūqǐlái le.
아이가 깨어나서 엄마가 안 보이자 울기 시작했다.

* **睡醒** shuìxǐng 잠에서 깨다, 잠이 깨다
* **看不到** kàn bú dào 볼 수 없다 [가능을 나타냄]
* **看得到** kàn de dào 볼 수 있다 [가능을 나타냄]

生气
shēng qì

(동) 화를 내다

你别生气了，请原谅我吧。
Nǐ bié shēng qi le, qǐng yuánliàng wǒ ba.
화내지 마시고 저를 용서해 주세요.

* **原谅** yuánliàng 용서하다, 양해하다

他生气了，把孩子打了一顿。
Tā shēng qi le, bǎ háizi dǎ le yí dùn.
그는 화가 나서 아이를 한 대 때렸다.

* **打** dǎ 때리다
* **一顿** yí dùn 한 번 ~하다 [동사 뒤에 쓰여 동작의 횟수를 나타냄]

보카 활용 포인트
生气는 이합동사입니다. 이합동사(离合动词)란 '见面(만나다)'처럼 동사로 쓰이지만, '见(보다)'과 목적어 '面(얼굴)'으로 나뉠 수 있는 동사를 말합니다. 따라서 이합동사는 뒤에 목적어가 올 수 없습니다.

关心
guānxīn

(동) 관심을 갖다

妈妈很关心孩子的学习和生活。
Māma hěn guānxīn háizi de xuéxí hé shēnghuó.
엄마는 아이의 공부와 생활에 매우 관심이 있다.

我觉得朋友之间的关心，是最重要的。
Wǒ juéde péngyou zhījiān de guānxīn, shì zuì zhòngyào de.
나는 친구들 사이의 관심이 가장 중요하다고 생각한다.

* 重要 zhòngyào 중요하다

小心
xiǎoxīn

(형) 조심하다

小心点儿，你一个人可以吗？
Xiǎoxīn diǎr, nǐ yí ge rén kěyǐ ma?
조심하세요, 당신 혼자 괜찮으시겠어요?

你小心点儿，别感冒了，外出多穿些
Nǐ xiǎoxīn diǎr, bié gǎnmào le, wàichū duō chuān xiē
衣服。
yīfu.
감기 걸리지 않게 조심하시고, 외출할 때는 옷을 좀 더 입으세요.

* 点(儿) diǎr 조금, 약간
* 外出 wàichū 외출(하다)
* 些 xiē (명사 앞에 쓰여) 조금, 약간, 몇

注意
zhùyì

(동) 주의하다

你一定要注意安全，小心开车。
Nǐ yídìng yào zhùyì ānquán, xiǎoxīn kāichē.
당신 꼭 안전에 주의하시고 조심해서 운전하세요.

* 一定 yídìng 반드시
* 要 yào (조동사) ～해야한다, ～하려고 하다 / (동) 원하다

大家请注意，明天的考试取消了。
Dàjiā qǐng zhùyì, míngtiān de kǎoshì qǔxiāo le.
모두 주의하십시오, 내일 시험이 취소되었습니다.

* 注意 zhùyì 주의하다
* 取消 qǔxiāo 취소하다

相信
xiāngxìn

(동) 믿다

看了新闻以后，我相信这件事是真的。
Kàn le xīnwén yǐhòu, wǒ xiāngxìn zhè jiàn shì shì zhēn de.
뉴스를 보고나서 나는 이 일이 진짜라고 믿는다.

* 新闻 xīnwén 뉴스
* 真 zhēn 사실이다, 진짜이다 / 정말로, 참으로

因为你经常说谎, 所以我不相信你说
Yīnwèi nǐ jīngcháng shuōhuǎng, suǒyǐ wǒ bù xiāngxìn nǐ shuō
的话。
de huà.
네가 자주 거짓말을 하기 때문에 나는 네 말을 믿지 않는다.

* 说谎 shuōhuǎng 거짓말하다
* 因为 ~, 所以 … yīnwèi ~, suǒyǐ … ~ 때문에, 그래서 …하다

认真
rènzhēn

(형) 성실(착실)하다, 열심이다, 진지하다

我们每天在教室里认真学习。
Wǒmen měitiān zài jiàoshì li rènzhēn xuéxí.
우리는 매일 교실에서 열심히 공부한다.

보카 활용 포인트
문장 중에서 서술어가 없는 경우 '认真'은 형용사서술어로 쓰이지만, 서술어가 있는 경우는 서술어 앞에서 부사로 쓰입니다.

努力
nǔlì

(형) 노력하다, 열심이다

我会努力学习的, 请放心吧。
Wǒ huì nǔlì xuéxí de, qǐng fàngxīn ba.
제가 꼭 열심히 공부할 테니 안심하세요.

* 努力 nǔlì 노력하다, 힘쓰다, 열심히 하다
* 放心 fàngxīn 안심하다, 마음을 놓다
* 吧 문장 맨 뒤에 쓰여서 권유, 제의, 추측, 명령 등의 어기를 나타냄.

他在工作中非常努力, 领导很喜欢他。
Tā zài gōngzuò zhōng fēicháng nǔlì, lǐngdǎo hěn xǐhuan ta.
그는 일을 열심히 하기 때문에 상사가 그를 좋아한다.

* 非常 fēicháng 대단히, 매우
* 领导 lǐngdǎo 책임자, 지도자, 윗사람, 상관

热情
rèqíng

(형/명) (태도가) 열정적이다, 적극적이다, 친절하다 / 열정

他热情地向我们打招呼。
Tā rèqíng de xiàng wǒmen dǎ zhāohu.
그는 친절하게 우리를 향해 인사를 했다.

* 打招呼 dǎzhāohu (말이나 행동으로) 인사하다

餐厅的服务员对我们非常热情。
Cāntīng de fúwùyuán duì wǒmen fēicháng rèqíng.
식당 종업원은 우리에게 매우 친절하다.

* 对 duì ~에게, ~한테 / ~에 대하여 / 옳다, 맞다

照顾 zhàogù

(동) 돌보다, 보살펴주다, 배려하다

你一个人生活，要好好儿照顾自己。
Nǐ yí ge rén shēnghuó, yào hǎohǎr zhàogù zìjǐ.
너는 혼자 생활하니까 스스로를 잘 돌봐야 한다.

我在中国得到了很多朋友的照顾。
Wǒ zàiZhōngguó dédào le hěn duō péngyou de zhàogù.
나는 중국에서 많은 친구들의 보살핌을 받았다.

习惯 xíguàn

(명/동) 습관(이 되다), 익숙해지다

我习惯晚上睡觉前看一会儿书。
Wǒ xíguàn wǎnshang shuì jiào qián kàn yíhuìr shū.
나는 자기 전에 잠깐 책을 읽는 것이 습관이 되었다.

中国人喝茶的习惯不一样，北方人
Zhōngguórén hē chá de xíguàn bù yíyàng, běifāngrén

喜欢花茶，南方人喜欢绿茶。
xǐhuan huāchá, nánfāngrén xǐhuan lǜchá.
중국인의 차 마시는 습관은 다른데 북방 사람들은 화차를 좋아하고,
남방 사람들은 녹차를 좋아한다.

站 zhàn

(동) (일어)서다
(명) 정류장

你站在那里不要动，我给你照张相。
Nǐ zhàn zài nàlǐ búyào dòng, wǒ gěi nǐ zhào zhāng xiàng.
너 거기 서서 움직이지 마, 내가 사진 찍어줄게.

* 照相 zhào xiàng 사진(을 찍다)
* 张 zhāng 침대, 책상처럼 넓고 평평하며 두께가 있는 것을 세는 단위 / 사진처럼 종이형태로 된 것을 세는 단위

人们站在公车站，等公共汽车。
Rénmen zhànzài gōngchēzhàn, děng gōnggòng qìchē.
사람들은 버스정류장에 서서 버스를 기다린다.

等
děng

(동) 기다리다

我在公司楼下等你。
Wǒ zài gōngsī lóuxià děng nǐ.
내가 회사 아래층에서 너를 기다리고 있을게.

你有了好消息就告诉我，我等你的电话。
Nǐ yǒu le hǎo xiāoxi jiù gàosu wǒ, wǒ děng nǐ de diànhuà.
좋은 소식이 있으면 바로 나한테 알려줘, 내가 네 전화를 기다리고 있
을게.

* 消息 xiāoxi 소식

准备
zhǔnbèi

(동/명) 준비(하다), ~하려고 하다, ~할 작정(계획)이다

我正在准备后天的考试。
Wǒ zhèngzài zhǔnbèi hòutiān de kǎoshì.
나는 지금 모레 시험을 준비하고 있다.

今天上午就走，你准备好了吗?
Jīntiān shàngwǔ jiù zǒu, nǐ zhǔnbèi hǎo le ma?
오늘 오전에 가는데 너는 준비 다 됐니?

打算
dǎsuan

(동) ~하려고 하다, ~할 예정(계획)이다

我打算去南方旅游。
Wǒ dǎsuan qù nánfāng lǚyóu.
나는 남방으로 여행을 가려고 한다.

我打算放假以后，和朋友一起去国外。
Wǒ dǎsuan fàng jià yǐhòu, hé péngyou yìqǐ qù guówài.
나는 방학을 하고 나서 친구와 함께 해외에 갈 예정이다.

出现
chūxiàn

(동/명) 출현(하다), 나타나다, 발견하다

我等了很久，他一直没有出现。
Wǒ děng le hěn jiǔ, tā yìzhí méiyǒu chūxiàn.
내가 오랫동안 기다렸는데 그는 계속 나타나지 않았다.

孩子发烧了，还出现了咳嗽症状。
Háizi fā shāo le, hái chūxiàn le késou zhèngzhuàng.
아이는 열이 나고, 기침 증세도 나타났다.

* 咳嗽 késou 기침하다
* 症状 zhèngzhuàng (병의) 증상, 증세

检查
jiǎnchá

(동) 검사하다, 조사하다, 점검하다, 검열하다

最近我眼睛不舒服，想去医院检查
Zuìjìn wǒ yǎnjing bù shūfu, xiǎng qù yīyuàn jiǎnchá
一下。
yíxià.
요즘 나는 눈이 불편해서 병원에 가서 검사를 좀 하고 싶다.

* 舒服 shūfu (육체나 정신이) 편안하다

爸爸每天要检查女儿的作业。
Bàba měitiān yào jiǎnchá nǚér de zuòyè.
아버지는 매일 딸의 숙제를 검사하려고 하신다.

> **보카 활용포인트**
> '检查'는 '문제점, 단점, 잘못된 점 등을 발견하기 위해서 자세히 검사하는
> 것'을 말합니다.
> : 检查(身体 신체 / 工作 일 / 作业 숙제 / 问题 문제 / 票 piào 표 /
> 错误 잘못)

发现
fāxiàn

(동) 발견하다

我在这篇文章中发现有很多错误
Wǒ zài zhè piān wénzhāng zhōng fāxiàn yǒu hěn duō cuòwù
的地方。
de dìfang.
나는 이 글 중에 틀린 부분이 많이 있다는 것을 발견했다.

* 文章 wénzhāng 문장, 글
* 错误 cuòwù 잘못된, 틀린 / 실수, 잘못

我发现我的手表不走了。
Wǒ fāxiàn wǒ de shǒubiǎo bù zǒu le.
나는 내 시계가 가지 않는 것을 발견했다.

解决 jiějué

(동) 해결하다

在他的帮助下，我很快就解决了问题。
Zài tā de bāngzhù xià, wǒ hěn kuài jiù jiějué le wèntí.
그의 도움 하에 나는 매우 빨리 문제를 해결하였다.

我很感谢朋友帮我解决了困难。
Wǒ hěn gǎnxiè péngyou bāng wǒ jiějué le kùnnan.
나는 나를 도와 어려움을 해결해준 친구한테 매우 감사한다.

* 困难 kùnnan 어려움, 곤란 / 어렵다, 곤란하다

接 jiē

(동) ① (사람을) 맞이하다, 마중하다 ② (전화를) 받다

我明天可以早点儿下班，我去接她。
Wǒ míngtiān kěyǐ zǎo diǎr xià bān, wǒ qù jiē tā.
나는 내일 좀 일찍 퇴근할 수 있으니까 내가 그녀를 데리러 갈게.

我接到他打来的电话。
Wǒ jiēdào tā dǎlái de diànhuà.
나는 그에게서 온 전화를 받았다.

决定 juédìng

(명/동) 결정(하다)

你决定选择哪一个答案了吗？
Nǐ juédìng xuǎnzé nǎ yí ge dáàn le ma?
너는 어떤 답안을 고를지 결정했니?

* 选择 xuǎnzé 선택하다, 고르다
* 答案 dáàn 답안, 해답

我决定下个月就回老家看家人。
Wǒ juédìng xià ge yuè jiù huí lǎojiā kàn jiārén
나는 다음 달에 집에 돌아가서 가족들을 보기로 결정했다.

* 老家 lǎojiā 고향(집)

选择
xuǎnzé

(동) 선택하다

我们这儿有30多种图案，可供你选择。
Wǒmen zhèr yǒu sān'shí duō zhǒng túàn, kě gōng nǐ xuǎnzé.
저희 쪽에는 30여 종류의 도안이 있어서 당신이 선택하도록 제공할
수 있습니다.

* 图案 túàn 도안
* 供 gōng 제공하다, 공급하다

不论你选择哪一个东西，都没有关系。
Búlùn nǐ xuǎnzé nǎ yí ge dōngxi, dōu méiyǒu guānxi.
네가 어떤 물건을 선택하든지 다 상관없다.

* 不论 búlùn ～을 막론하고, ～이든 간에, ～든지 [뒤에 주로 也, 都 등과
  함께 호응하여 씀]

做
zuò

(동) ① 만들다, 짓다　② (일)하다, 종사하다, 활동하다

我刚学会做蛋糕。
Wǒ gāng xuéhuì zuò dàngāo.
나는 방금 케이크 만드는 것을 배웠다.

* 会 huì 동사 뒤에 사용하여 '～을 체득하다'는 뜻을 나타낼 수 있음

我周末出去玩儿，周末你要做什么？
Wǒ zhōumò chūqu wár, zhōumò nǐ yào zuò shénme?
나는 주말에 놀러 갈 건데 너는 주말에 뭐 할 거니?

让
ràng

(동) ～하도록 시키다, ～하게 하다

他让我想一想，然后再回答。
Tā ràng wǒ xiǎng yi xiǎng, ránhòu zài huídá.
그는 나한테 생각을 좀 하고 나서 다시 대답하게 하였다.

你的话让我们感到吃惊。
Nǐ de huà ràng wǒmen gǎndào chījīng.
네 말은 우리를 놀라게 했다.

* 吃惊 chījīng 놀라다

使
shǐ

(동) (〜에게) …하게 하다, …시키다

他的鼓励使我充满信心。

Tā de gǔlì shǐ wǒ chōngmǎn xìnxīn.

그의 격려는 나에게 자신감이 충만하게 하였다.

* 鼓励 gǔlì 격려 (고무)하다
* 充满 chōngmǎn 충만하다, 가득 차다
* 信心 xìnxīn 자신(감)

보카활용포인트 **사역동사**

사역동사란 '〜에게 …하게 하다'의 뜻으로 쓰이는 동사를 말하며 대표적인 사역동사로 '让', '叫 jiào', '使'가 있습니다.

(1) '让 · 叫 · 使' 뒤에는 '주어 + 서술어' 구조가 옵니다. 특히 '使'는 사람주어가 올 수 없고, 사물주어만 쓰이며 이 경우 '让 · 叫 · 使'는 동의어입니다.

주어₁ +	동사₁ +	목적어₁
└ 사람, 사물	└ 让, 叫, 使	주 어₂ + 서술어₂ ……。

例 他们的技术使我们家人佩服。

그의 기술은 우리가족을 감탄하게 했다.

(2) '사람주어가 (어떤 사람) 에게 …하도록 시키다'는 뜻인 경우 '让과 叫'만 쓸 수 있고 '使'는 쓸 수 없습니다. 즉 '让과 叫'는 사람 주어가 올 수 있지만 '使'는 사물 주어만 쓸 수 있습니다.

주어₁ +	동사₁ +	목적어₁
└ 사람	└ 让, 叫, 使	주 어₂ + 서술어₂ ……。

例 他让我明天上午参加会议。

그는 나한테 내일 오후 회의에 참가하도록 했다.

(3) 가족

가족 구성원

☐ 爸爸	bàba	아빠	☐ 儿子	érzi	아들
☐ 妈妈	māma	엄마	☐ 女儿	nǚ'ér	딸
☐ 哥哥	gēge	오빠, 형	☐ 爷爷	yéye	할아버지
☐ 姐姐	jiějie	언니, 누나	☐ 奶奶	nǎinai	할머니
☐ 弟弟	dìdi	남동생	☐ 叔叔	shūshu	삼촌
☐ 妹妹	mèimei	여동생	☐ 阿姨	āyí	이모
☐ 丈夫	zhàngfu	남편			
☐ 妻子	qīzi	아내			

爸爸
bàba

(명) 아빠

爸爸去北京出差了, 下周一才回来。
Bàba qù Běijīng chūchāi le, xiàzhōu yī cái huílái.
아빠께서는 북경에 출장을 가서 다음 주 월요일에야 돌아오신다.

* 出差 chūchāi 출장가다
* 才 cái ~에야(비로소)

妈妈
māma

(명) 엄마

小李的妈妈不上班, 她是一位家庭主妇。
Xiǎolǐ de Māma bú shàng bān, tā shì yí wèi jiātíng zhǔfù.
샤오리 엄마는 직장을 다니지 않는다, 그녀는 가정주부이다.

* 家庭主妇 jiātíng zhǔfù 가정주부

哥哥
gēge

(명) 오빠, 형

哥哥喜欢运动, 每天去操场打篮球。
Gēge xǐhuan yùndòng, měitiān qù cāochǎng dǎ lánqiú.
형은 운동을 좋아해서 매일 운동장에 가서 농구를 한다.

* 操场 cāochǎng 운동장

姐姐
jiějie

(명) 언니, 누나

姐姐比我大两岁，但是个子比我矮。
Jiějie bǐ wǒ dà liǎng suì, dànshì gèzi bǐ wǒ ǎi.
누나는 나보다 두 살이 많지만 키는 나보다 작다.

* 比 bǐ ~보다
* 个子 gèzi 키
* 矮 ǎi 작다

弟弟
dìdi

(명) 남동생

我弟弟今年八岁了，刚上小学。
Wǒ dìdi jīnnián bā suì le, gāng shàng xiǎoxué.
내 남동생은 올해 여덟 살이고 막 초등학교에 들어갔다.

* 刚 gāng 방금, 막, 바로
* 小学 xiǎoxué 초등학교

妹妹
mèimei

(명) 여동생

小王的妹妹长得很漂亮，学习成绩
XiǎoWáng deMèimei zhǎng de hěn piàoliang, xuéxí chéngjì
也很好。
yě hěn hǎo.
샤오왕의 여동생은 아주 예쁘고 공부 성적도 좋다.

* 成绩 chéngjì 성적

丈夫
zhàngfu

(명) 남편

我丈夫在公司上班，每天很晚下班。
Wǒ zhàngfu zài gōngsī shàng bān, měitiān hěn wǎn xià bān.
내 남편은 회사에서 일하는데 매일 늦게 퇴근한다.

* 上班 shàng bān 출근하다, 일을 하기 시작하다
* 下班 xià bān 퇴근하다

妻子
qīzi

(명) 아내

他的妻子是大夫，在一家很大的医院
Tā de qīzi shì dàifu, zài yì jiā hěn dà de yīyuàn
工作。
gōngzuò.
그의 아내는 의사인데 큰 병원에서 근무한다.

* 医院 yīyuàn 병원

儿子
érzi

(명) 아들

儿子今年六岁了，他上小学一年级。
érzi jīnnián liù suì le, tā shàng xiǎoxué yī niánjí.
아들은 올해 여섯 살이 되었고 초등학교 1학년이다.

* 今年 jīnnián 올해
* 小学 xiǎoxué 초등학교
* 年级 niánjí 학년

女儿
nǚ'ér

(명) 딸

他的三个女儿都已经结婚了。
Tā de sān ge nǚ'ér dōu yǐjing jié hūn le.
그의 세 딸은 이미 모두 결혼했다.

* 都 dōu 모두

爷爷
yéye

(명) 할아버지

爷爷喜欢喝茶、下棋、打太极拳。
Yéye xǐhuan hē chá, xià qí, dǎ tàijíquán.
할아버지는 차를 마시고, 바둑을 두고, 태극권을 하는 것을 좋아하신다.

* 下棋 xià qí 장기를 두다, 바둑을 두다

奶奶
nǎinai

(명) 할머니

奶奶今年八十岁，身体还比较健康。
Nǎinai jīnnián bā shí suì, shēntǐ hái bǐjiào jiànkāng.
할머니는 올해 여든 살이신데 여전히 건강하신 편이다.

* 比较 bǐjiào 비교적

叔叔
shūshu

(명) 삼촌

叔叔最近不在家, 他出国旅行了。
Shūshu zuìjìn bú zài jiā, tā chūguó lǚxíng le.
삼촌은 요즘 외국 여행을 가셔서 집에 안 계신다.

* 最近 zuìjìn 최근, 요즈음

阿姨
āyí

(명) 이모

阿姨已经结婚了, 她现在很幸福。
Āyí yǐjīng jié hūn le, tā xiànzài hěn xìngfú.
이모는 이미 결혼하셨는데 그녀는 지금 매우 행복하다.

* 幸福 xìngfú 행복(하다)

2 식사·음주

(1) 재료와 도구

음식재료·식기류

☐ 米 mǐ	쌀	
☐ 菜 cài	요리, 채소	
☐ 鸡蛋 jīdàn	계란	
☐ 糖 táng	설탕, 사탕	
☐ 羊肉 yángròu	양고기	

☐ 杯子 bēizi	잔	
☐ 碗 wǎn	공기, 사발, 그릇	
☐ 盘子 pánzi	큰 접시, 쟁반	
☐ 筷子 kuàizi	젓가락	

米
mǐ

(명) ① 쌀 ② 미터 [길이의 단위]

老板，这种米多少钱一斤？
Lǎobǎn, zhè zhǒng mǐ duōshao qián yì jīn?
사장님, 이 쌀 한 근에 얼마예요?

世界上最高的山有8千多米。
Shìjiè shàng zuì gāo de shān yǒu bā qiān duō mǐ.
세계에서 가장 높은 산은 8천여 미터 정도 된다.

菜
cài

(명) 요리, 채소

这道菜很好吃，就是有点儿甜。
Zhè dào cài hěn hǎochī, jiù shì yǒudiǎr tián.
이 음식은 맛은 있지만 좀 달다.

中国菜中最出名的是北京烤鸭。
Zhōngguócài zhōng zuì chūmíng de shì Běijīngkǎoyā.
중국 요리 중에서 제일 유명한 것은 베이징 카오야이다.

* 出名 chūmíng 이름이 나다, 유명해지다

鸡蛋
jīdàn

(명) 계란

妈妈用鸡蛋做鸡蛋饼。
Māma yòng jīdàn zuò jīdànbǐng.
엄마가 계란으로 계란부침을 해주셨다.

* 鸡蛋饼 jīdànbǐng 계란부침

我买了两斤鸡蛋，放在冰箱里。
Wǒ mǎi le liǎng jīn jīdàn, fàngzài bīngxiāng lǐ.
나는 계란 두 근을 사서 냉장고에 두었다.

* 放 fàng 놓다, 두다
* 冰箱 bīngxiāng 냉장고

糖
táng

(명) 설탕, 사탕

我妈妈是上海人，她做菜时喜欢放糖。
Wǒ māma shì Shànghǎirén, tā zuò cài shí xǐhuan fàng táng.
우리 엄마는 상해 사람이어서 음식을 할 때 설탕 넣는 것을 좋아한다.

* 放 fàng (집어) 넣다, 타다, 섞다 / 놓다, 두다

咖啡有点儿苦，再加点糖就好喝了。
Kāfēi yǒudiǎr kǔ, zài jiā diǎn táng jiù hǎohē le.
커피가 약간 쓰니까 설탕을 조금 더 넣으면 맛있을 것이다.

羊肉
yángròu

(명) 양고기

羊肉是很有营养的食物。
Yángròu shì hěn yǒu yíngyǎng de shíwù.
양고기는 매우 영양이 많은 음식이다.

* 营养 yíngyǎng 영양
* 食物 shíwù 음식(물)

羊肉串是中国人很喜欢吃的一种小吃。
Yángròuchuàn shì Zhōngguórén hěn xǐhuan chī de yì zhǒng xiǎochī.
양꼬치는 중국 사람들이 좋아하는 간식이다.

* 小吃 xiǎochī 간단한 먹을거리, 스낵, 간식

杯子
bēizi

(명) 잔

你把杯子洗干净了吗?
Nǐ bǎ bēizi xǐ gānjìng le ma?
너는 컵을 깨끗이 닦았니?

杯子有点儿脏了, 换一个好吗?
Bēizi yǒudiǎr zāng le, huàn yí ge hǎo ma?
컵이 좀 더러운데 바꿔 주시겠어요?

碗
wǎn

(명) 공기, 사발, 그릇

厨房里有碗、盘子、筷子等。
Chúfáng lǐ yǒu wǎn、pánzi、kuàizi děng.
주방 안에는 그릇, 접시, 젓가락 등이 있다.

请给我来一碗米饭和一盘鱼香肉丝。
Qǐng gěi wǒ lái yì wǎn mǐfàn hé yì pán Yúxiāngròusī
밥 한 공기와 위샹로우쓰 한 접시 주세요.

> **보카활용포인트** 양사(量词)
>
> 한국어에 '책 한 권, 새 한 마리, 꽃 한 송이'와 같이 각각의 명사마다 숫자를 세는 단위가 정해져 있듯이 중국어에도 각각의 명사를 세는 단위가 모두 다릅니다.
> 명사 앞에 관용적으로 쓰이는 양사를 '명량사(名量词)'라고 하며, 명량사는 숫자와 명사 사이에서 '수사+양사+명사'의 형태로 늘 함께 다니는데, 이것을 줄여서 '수량사'라고 합니다.
> '碗'은 원래 '공기, 사발, 그릇'이라는 뜻의 명사이지만 밥(饭)이나 탕(汤)처럼 공기나 사발에 담을 수 있는 것을 나타내는 명사 앞에서 '一碗饭 (밥 한 공기)' '一碗汤 (국 한 그릇)' 처럼 임시로 양사로 쓸 수 있습니다. 이것을 '차용 명량사'라고 합니다. 대표적인 차용 명량사에는 '杯 (컵이나 잔을 세는 양사)', '盘 (접시나 그릇을 세는 양사)' 등이 있습니다.

盘子
pánzi

(명) 큰 접시, 쟁반

这些盘子放在哪儿呢?
Zhè xiē pánzi fàngzài nǎr ne?
이 접시들은 어디에 두었나요?

今天我来洗盘子, 你休息吧。
Jīntiān wǒ lái xǐ pánzi, nǐ xiūxi ba.
오늘은 내가 접시를 닦을 테니 당신은 쉬어요.

* 来 lái 다른 동사 앞에 쓰여 어떤 일을 하려는 것을 나타냄

筷子
kuàizi

(명) 젓가락

中国人、韩国人、日本人都用筷子吃
Zhōngguórén、Hánguórén、Rìběnrén dōu yòng kuàizi chī

饭。
fàn.

중국인, 한국인, 일본인은 모두 젓가락으로 식사를 한다.

你的筷子用得真好，是谁教你的?
Nǐ de kuàizi yòng de zhēn hǎo, shì shéi jiāo nǐ de?

당신은 젓가락질을 잘 하시네요, 누가 가르쳐 줬어요?

(2) 식사 · 음료 · 후식

음식점 · 식사

□ 饭馆	fànguǎn	음식점, 식당	□ 吃	chī	먹다
□ 服务员	fúwùyuán	종업원	□ 喝	hē	마시다
□ 客人	kèrén	손님	□ 饿	è	배고프다
□ 菜单	càidān	메뉴판	□ 饱	bǎo	배부르다
□ 点	diǎn	(음식을) 주문하다	□ 渴	kě	목이 마르다

饭馆
fànguǎn

(명) 음식점, 식당

他每天去饭馆儿吃饭。
Tā měitiān qù fànguǎr chī fàn.

그는 매일 식당에 가서 밥을 먹는다.

学校周围有很多饭馆，吃饭很方便。
Xuéxiào zhōuwéi yǒu hěn duō fànguǎn, chī fàn hěn fāngbiàn.

학교 주변에 식당이 많이 있어서 식사하는 것이 편리하다.

* 周围 zhōuwéi 주위, 주변

服务员
fúwùyuán

(명) 종업원

服务员，能把菜单再给我看一下吗？
Fúwùyuán, néng bǎ càidān zài gěi wǒ kàn yíxià ma?
여기요, 메뉴판을 다시 좀 보여주시겠어요?

＊ 菜单 càidān 메뉴판
＊ 一下 yíxià (동사 뒤에 쓰여) 시험 삼아 ~해 보다, 좀 ~하다

客人
kèrén

(명) 손님

今天家里有客人，妈妈准备了很多菜。
Jīntiān jiā lǐ yǒu kèrén, māma zhǔnbèi le hěn duō cài.
오늘 집에 손님이 와서 엄마께서 많은 음식을 준비하셨다.

饭店里的客人很多，没有位子了。
Fàndiàn lǐ de kèrén hěn duō, méiyǒu wèizi le.
음식점에 손님이 많아서 자리가 없다.

＊ 位子 wèizi 자리, 좌석

菜单
càidān

(명) 메뉴판

请把菜单给我，谢谢。
Qǐng bǎ càidān gěi wǒ, xièxie.
메뉴판을 보여 주세요, 감사합니다.

服务员把菜单拿给我们。
Fúwùyuán bǎ càidān ná gěi wǒmen.
여기요, 메뉴판 좀 가져다주세요.

点
diǎn

(동) (음식을) 주문하다

小姐，请拿菜单，我们要点菜。
Xiǎojiě, qǐng ná càidān, wǒmen yào diǎn cài.
아가씨, 음식을 주문하려고 하니까 메뉴판 좀 주세요.

我们点了五个菜，没有吃完，只好
Wǒmen diǎn le wǔ ge cài, méiyǒu chīwán, zhǐhǎo

打包了。
dǎbāo le.
우리는 다섯 가지 음식을 주문했는데 다 먹지 못해서 어쩔 수 없이 포장을 했다.

* 只好 zhǐhǎo 어쩔 수 없이, 하는 수 없이
* 打包 dǎbāo 포장하다, 싸다

吃
chī

(동) 먹다

我吃过很多国家的菜。
Wǒ chīguo hěn duō guójiā de cài.
나는 여러 나라의 음식을 먹어보았다.

这个菜不新鲜了，怎么吃啊！
Zhè ge cài bù xīnxiān le, zěnme chī a!
이 음식은 신선하지 않은데 어떻게 먹겠습니깨!

喝
hē

(동) 마시다

我早上只喝了一杯水，什么也没有吃。
Wǒ zǎoshang zhǐ hē le yì bēi shuǐ, shénme yě méiyǒu chī.
나는 아침에 겨우 물 한 잔만 마시고 아무 것도 먹지 않았다.

我们一起喝啤酒，祝贺他的生日。
Wǒmen yìqǐ hē píjiǔ, zhùhè tā de shēngrì.
우리 함께 맥주 마시면서 그의 생일을 축하해 줍시다.

* 祝贺 zhùhè 축하(하다)

饿
è

(형) 배고프다

我闻到饭的香味儿，才感觉饿了。
Wǒ wéndào fàn de xiāngwèr, cái gǎnjué è le.
나는 음식 냄새를 맡고 나서야 배고픔을 느꼈다.

* 闻 wén 냄새를 맡다 / 듣다
* 到 동사 뒤에 쓰여 동작의 완료를 나타냄 (~했다)

我有点儿饿了，我们叫外卖吧。
Wǒ yǒudiǎr è le, wǒmen jiào wàimài ba.
나는 배가 좀 고픈데, 우리 배달시켜 먹자.

* 外卖 wàimài (음식과 음료를) 포장 판매하다

饱
bǎo

(형) 배부르다

我已经吃饱了，谢谢你。
Wǒ yǐjīng chībǎo le, xièxie nǐ.
나는 이미 배가 부릅니다, 감사합니다.

今天中午我吃得很饱。
Jīntiān zhōngwǔ wǒ chī de hěn bǎo.
오늘 점심에 나는 배부르게 먹었다.

渴 kě

(형) 목이 마르다, 목 타다

你如果渴了，就喝杯水吧。
Nǐ rúguǒ kě le, jiù hē bēi shuǐ ba.
너는 목이 마르면 물을 한 잔 마셔라.

我跑了1个小时，感到口渴了。
Wǒ pǎo le yí ge xiǎoshí, gǎndào kǒu kě le.
나는 한 시간을 달렸더니 갈증이 난다.

* 如果 rúguǒ 만약(에 ~하다면)
* 感到 gǎndào 느끼다, 생각하다, 여기다

🐼 식음료

□ 米饭 mǐfàn 쌀밥		□ 牛奶 niúnǎi 우유	
□ 面条儿 miàntiár 국수		□ 咖啡 kāfēi 커피	
□ 面包 miànbāo 빵		□ 果汁 guǒzhī 과일 주스	
□ 蛋糕 dàngāo 케이크		□ 茶 chá 차	
		□ 啤酒 píjiǔ 맥주	

米饭 mǐfàn

(명) 쌀밥

服务员，请给我来一碗米饭。
Fúwùyuán, qǐng gěi wǒ lái yì wǎn mǐfàn.
여기요, 밥 한 공기 주세요.

中午太饿了，我一共吃了三碗米饭。
Zhōngwǔ tài è le, wǒ yígòng chī le sān wǎn mǐfàn.
점심에 너무 배가 고파서 나는 전부 밥을 세 그릇 먹었다.

面条儿
miàntiár

(명) 국수

我经常去一家小饭馆吃面条儿。
Wǒ jīngcháng qù yì jiā xiǎo fànguǎn chī miàntiár.
나는 자주 국수를 먹으러 작은 식당에 간다.

这家店的面条儿很好吃，价格也不贵。
Zhè jiā diàn de miàntiár hěn hǎochī, jiàgé yě bù guì.
이 가게의 국수는 맛있고 가격도 비싸지 않다.

* 价格 jiàgé 가격

面包
miànbāo

(명) 빵

早餐我吃了两块面包和一杯咖啡。
Zǎocān wǒ chī le liǎng kuài miànbāo hé yì bēi kāfēi.
아침 식사로 나는 빵 두 조각과 커피 한 잔을 먹었다.

这个面包我已经买了一个星期了，
Zhè ge miànbāo wǒ yǐjīng mǎi le yí ge xīngqī le,

好像坏了。
hǎoxiàng huài le.
내가 이 빵을 산지 이미 일주일이 되었는데, 상한 것 같다.

蛋糕
dàngāo

(명) 케이크, 카스텔라

我买了巧克力蛋糕，我们一起吃吧。
Wǒ mǎi le qiǎokèlì dàngāo, wǒmen yìqǐ chī ba.
내가 초콜릿 케이크를 샀는데, 우리 같이 먹자.

* 巧克力 qiǎokèlì 초콜릿

这是我给你买的生日蛋糕，祝你生日
Zhè shì wǒ gěi nǐ mǎi de shēngrì dàngāo, zhù nǐ shēngrì

快乐！
kuài lè!
이건 내가 너에게 주려고 산 생일케이크야, 생일 축하해!

牛奶
niúnǎi

(명) 우유

牛奶很有营养，适合早上喝。
Niúnǎi hěn yǒu yíngyǎng, shìhé zǎoshang hē.
우유는 매우 영양가가 있어서 아침에 마시기에 적합하다.

* 营养 yíngyǎng 영양, 양분
* 适合 shìhé 적합하다, 알맞다

在咖啡里加一些牛奶，味道不错。
Zài kāfēi lǐ jiā yì xiē niúnǎi, wèidao búcuò.
커피에 우유를 좀 더 넣으면 맛이 좋다.

* 加 jiā 더하다, 보태다
* 味道 wèidao 맛

咖啡
kāfēi

(명) 커피

我有点儿困了，想喝一杯咖啡。
Wǒ yǒudiǎr kùn le, xiǎng hē yì bēi kāfēi.
나는 좀 졸려서 커피를 한 잔 마시고 싶다.

* 困 kùn 졸리다 / 피곤하다, 지치다

这家咖啡店的咖啡好喝，价格还不贵。
Zhè jiā kāfēidiàn de kāfēi hǎohē, jiàgé hái bú guì.
이 커피숍의 커피는 맛있고, 값도 싸다.

* 价格 jiàgé 가격, 값

果汁
guǒzhī

(명) 과일 주스, 과일 즙

我最喜欢葡萄果汁。
Wǒ zuì xǐhuan pútáo guǒzhī.
나는 포도 주스를 제일 좋아한다.

这杯是用苹果做的果汁，你尝一尝吧。
Zhè bēi shì yòng píngguǒ zuò de guǒzhī, nǐ cháng yi cháng ba.
이건 사과로 만든 과일주스인데, 당신이 맛 좀 보세요.

* 用 쓰다, 사용하다
* 尝 cháng 맛보다

茶
chá

(명) 차

你最喜欢哪一种茶？
Nǐ zuì xǐhuan nǎ yì zhǒng chá?
당신은 어떤 차를 가장 좋아하세요?

我这里有红茶、绿茶、乌龙茶等。
Wǒ zhèli yǒu hóngchá、lǜchá、wūlóngchá děng.
우리 이곳은 홍차, 녹차, 우롱차 등이 있어요.

啤酒
píjiǔ

(명) 맥주

天气真热，我们喝一杯啤酒吧。
Tiānqì zhēn rè, wǒmen hē yì bēi píjiǔ ba.
날씨가 정말 덥네, 우리 맥주 한 잔 하자.

他们在酒吧里一边喝啤酒，一边看
Tāmen zài jiǔbā lǐ yìbiān hē píjiǔ, yìbiān kàn
世界杯。
Shìjièbēi.
그들은 술집에서 맥주를 마시면서 월드컵 경기를 본다.

* 酒吧 jiǔbā 술집
* 一边～，一边… 한편으로 ～하면서, 한편으로 …하다
* 世界杯 Shìjièbēi 월드컵(World Cup) 축구 대회

과일·맛

☐ 水果	shuǐguǒ	과일	☐ 新鲜	xīnxiān	신선하다
☐ 苹果	píngguǒ	사과	☐ 好吃	hǎochī	맛있다
☐ 葡萄	pútáo	포도	☐ 甜	tián	달다
☐ 西瓜	xīguā	수박			
☐ 香蕉	xiāngjiāo	바나나			

水果
shuǐguǒ

(명) 과일

我很喜欢吃水果，特别是香蕉。
Wǒ hěn xǐhuan chī shuǐguǒ, tèbié shì xiāngjiāo.
나는 과일 먹는 것을 좋아하는데 특히 바나나를 좋아한다.

女人经常吃水果可以美容，还可以减肥。
Nǚrén jīngcháng chī shuǐguǒ kěyǐ měiróng, hái kěyǐ jiǎn féi.
여자들은 과일을 자주 먹으면 미용에 좋고 다이어트에도 좋다.

* 美容 měiróng 미용하다, 용모를 아름답게 꾸미다
* 减肥 jiǎn féi 다이어트하다

苹果
píngguǒ

(명) 사과

苹果多少钱一斤？我买两斤能不能
Píngguǒ duōshao qián yì jīn? Wǒ mǎi liǎng jīn néng bu néng

便宜点?
piányi diǎn?
사과 한 근에 얼마예요? 두 근을 사면 좀 싸게 해 주실 수 있나요?

你先吃个苹果吧，妈妈去给你做面条儿。
Nǐ xiān chī ge píngguǒ ba, māma qù gěi nǐ zuò miàntiár.
네가 우선 사과를 먹고 있으면 엄마가 가서 국수를 만들어 줄게.

* 面条儿 miàntiár 면, 국수

葡萄
pútáo

(명) 포도

这儿的葡萄很新鲜。
Zhèr de pútáo hěn xīnxiān.
이곳의 포도는 아주 싱싱하다.

今天喝点儿什么？啤酒还是葡萄酒？
Jīntiān hē diǎr shénme? Píjiǔ háishi pútáojiǔ?
오늘 뭐 마실까? 맥주 마실래 아니면 포도주 마실래?

西瓜
xīguā

(명) 수박

西瓜是夏季最受人们欢迎的水果。
Xīguā shì xiàjì zuì shòu rénmen huānyíng de shuǐguǒ.
수박은 여름에 사람들한테 가장 인기가 있는 과일이다.

* 受欢迎 shòu huānyíng 환영을 받다, 인기가 있다

这个西瓜真甜啊，你别客气，请多吃几块。
Zhè ge xīguā zhēn tián a, nǐ bié kèqi, qǐng duō chī jǐ kuài.
이 수박은 정말 달아요, 사양하지 말고 좀 더 드세요.

* 客气 kèqi 사양하다, 체면을 차리다 /예의바르다, 겸손하다, 공손하다
* 块 kuài 덩어리나 조각을 세는 단위

香蕉
xiāngjiāo

(명) 바나나

我买的香蕉很甜，你来尝尝吧。
Wǒ mǎi de xiāngjiāo hěn tián, nǐ lái chángchang ba.
제가 산 바나나가 너무 달아요, 좀 드시러 오세요.

你如果去超市，顺便帮我买点香蕉。
Nǐ rúguǒ qù chāoshì, shùnbiàn bāng wǒ mǎi diǎn xiāngjiāo.
네가 마트에 간다면 가는 김에 나한테 바나나 좀 사다줘라.

* 如果 rúguǒ 만약, 만일 (~한다면) [가정을 나타냄]
* 顺便 shùnbiàn ~하는 김에

新鲜
xīnxiān

(형) 신선하다, 싱싱하다

我去市场买了一条新鲜的鱼。
Wǒ qù shìchǎng mǎi le yì tiáo xīnxiān de yú.
나는 시장에 가서 싱싱한 생선 한 마리를 샀다.

* 市场 shìchǎng 시장
* 条 tiáo 가늘고 길며 구부릴 수 있는 것을 세는 단위

这朵花儿很新鲜，是我刚刚在花店
Zhè duǒ huār hěn xīnxiān, shì wǒ gānggāng zài huādiàn
买的。
mǎi de.
내가 방금 꽃가게에서 산거라서 이 꽃은 아주 싱싱하다.

* 朵 duǒ ~송이 [꽃을 세는 단위]
* 花店 huādiàn 꽃가게

好吃
hǎochī

(형) 맛있다, 맛나다

你妈妈做的菜真好吃！
Nǐ māma zuò de cài zhēn hǎochī!
너희 엄마가 만든 음식은 정말 맛있어!

我觉得中国菜中最好吃的是川菜。
Wǒ juéde Zhōngguócài zhōng zuì hǎochī de shì Chuāncài.
나는 중국 음식 중에서 제일 맛있는 것은 사천음식이라고 생각한다.

甜
tián

(형) 달다

我不喜欢吃很甜的东西。
Wǒ bù xǐhuan chī hěn tián de dōngxi.
나는 단 음식 먹는 것을 싫어한다.

王阿姨朝我笑了笑, 她笑的是多么甜啊!
Wáng āyí cháo wǒ xiào le xiào, tā xiào de shì duōme tián a!
왕 아주머니께서 나를 보고 웃었는데, 그녀가 웃는 것이 얼마나 예쁘던지!

＊ 阿姨 āyí 아주머니 / 이모 / 보모
＊ 位 cháo ～을 향하여, ～쪽으로

(1) 일상생활 I

☐ 商店	shāngdiàn	상점	☐ 银行 yínháng	은행
☐ 超市	chāoshì	슈퍼마켓	☐ 医院 yīyuàn	병원
			☐ 公园 gōngyuán	공원

商店
shāngdiàn

(명) 상점

这家商店离我家很近。
Zhè jiā shāngdiàn lí wǒ jiā hěn jìn.
이 상점은 우리 집에서 매우 가깝다.

* 离 lí ~에서, ~로부터
* 近 jìn 가깝다

我想和你一起去商店买衣服。
Wǒ xiǎng hé nǐ yìqǐ qù shāngdiàn mǎi yīfu.
나는 너랑 같이 상점에 옷 사러 갔으면 좋겠어.

超市
chāoshì

(명) 슈퍼마켓

这个周末我去超市购物。
Zhè ge zhōumò wǒ qù chāoshì gòuwù.
이번 주말에 나는 슈퍼마켓에 물건을 사러 갈 것이다.

* 购物 gòuwù 물건을 사다, 구입하다 [= 买东西]

银行
yínháng

(명) 은행

银行里的人太多了, 排了长长的队伍。
Yínháng lǐ de rén tài duō le, pái le chángcháng de duìwu.
은행에 사람이 매우 많아서 줄을 길게 서있다.

* 排队伍 pái duìwu 줄을 서다

我想去银行取钱，附近哪里有中国
Wǒ xiǎng qù yínháng qǔ qián, fùjìn nǎlǐ yǒu Zhōngguó

银行？
yínháng?
저는 은행에 가서 돈을 찾고 싶은데, 근처에 중국 은행이 있나요?

* 取钱 qǔ qián 돈을 찾다, 인출하다

医院
yīyuàn

(명) 병원

你感冒了，应该去医院检查。
Nǐ gǎnmào le, yīnggāi qù yīyuàn jiǎnchá.
너는 감기에 걸렸으니 병원에 가서 검사를 해야 한다.

病人被送进了医院，看起来他的病情
Bìngrén bèi sòngjìn le yīyuàn, kàn qǐlái tā de bìngqíng

很严重。
hěn yánzhòng.
환자가 병원에 보내졌는데 그의 병이 매우 심각해 보인다.

* 病情 bìngqíng 병세
* 严重 yánzhòng 심(각)하다

公园
gōngyuán

(명) 공원

我家附近有一个公园。
Wǒ jiā fùjìn yǒu yí ge gōngyuán.
우리 집 근처에 공원이 하나 있다.

最近这家公园的门票免费，所以里面
Zuìjìn zhè jiā gōngyuán de ménpiào miǎnfèi, suǒyǐ lǐmiàn

的人非常多。
de rén fēicháng duō.
최근 이 공원의 입장료가 무료라서 안에 사람이 매우 많다.

* 免费 miǎnfèi 돈을 받지 않다, 무료로 하다

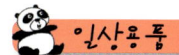

☐ 手表	shǒubiǎo	손목시계	☐ 伞 sǎn	우산
☐ 钟	zhōng	시간, 시각	☐ 带 dài	몸에지니다
☐ 眼镜	yǎnjìng	안경	☐ 旧 jiù	낡다, 오래 되다

手表
shǒubiǎo

(명) 손목시계

他的手表是新买的, 花了不少钱。
Tā de shǒubiǎo shì xīn mǎi de, huā le bù shǎo qián.
그의 시계는 새로 산 것으로 많은 돈을 주고 샀다.

* 花 huā 쓰다, 소비하다 / 꽃

我以为时间很晚, 但看了看手表,
Wǒ yǐwéi shíjiān hěn wǎn, dàn kàn le kàn shǒubiǎo,

才三点。
cái sān diǎn.
나는 시간이 늦은 줄 알았는데 시계를 보니 겨우 3시이다.

钟
zhōng

(명) ① (괘종, 탁상시계 따위의) 시계 ② 시간, 시

这个钟的时间停了, 好像没电池了。
Zhè ge zhōng de shíjiān tíng le, hǎoxiàng méi diànchí le.
이 시계는 시간이 멈췄네요, 건전지가 다 된 것 같아요.

* 电池 diànchí 건전지

现在是五点钟了, 你该出发了。
Xiànzài shì wǔ diǎnzhōng le, nǐ gāi chūfā le.
지금 5시야, 너 출발해야겠어.

* 该 gāi ~해야 한다

眼镜
yǎnjìng

(명) 안경

他在眼镜店里买了一副眼镜。
Tā zài yǎnjìngdiàn lǐ mǎi le yí fù yǎnjìng.
그는 안경점에서 안경을 하나 샀다.

爷爷戴着一副眼镜看报纸。
Yéye dàizhe yí fù yǎnjìng kàn bàozhǐ.
할아버지는 안경을 쓰고 신문을 보신다.

양사 '副'는 '一副眼镜', '一副剪刀 jiǎndāo (가위)' 처럼 '좌우 대칭이
며 하나로 이어진 물건' 또는 '一副手套 shǒutào (장갑 한 켤레)' 처럼 '한
벌, 한 세트로 된 물건'을 세는 단위입니다.

伞
săn

(명) 우산

外面下雨了，你带伞了吗?
Wàimiàn xià yǔ le, nǐ dài săn le ma?
밖에 비가 오는데 너 우산 가져왔니?

我的伞丢了，明天再去买一把伞。
Wǒ de săn diū le, míngtiān zài qù mǎi yì bǎ săn.
나는 우산을 잃어 버려서 내일 다시 우산 하나를 사러 갈 것이다.

* 丢 diū 잃(어버리)다
* 带 dài 몸에 지니다

带
dài

(동) ① 몸에 지니다, 휴대하다　② 이끌다, 데리다

哥哥早上带着雨衣出门。
Gēge zǎoshang dàizhe yǔyi chū mén.
오빠는 아침에 비옷을 챙겨서 외출했다.

* 雨衣 yǔyi 비옷

星期天妈妈带着孩子去游乐园玩儿。
Xīngqī tiān māma dàizhe háizi qù yóulèyuán wár.
일요일에 엄마는 아이를 데리고 놀이동산에 놀러 간다.

* 游乐园 yóulèyuán 놀이동산, 유원지

旧
jiù

(형) 낡다, 오래 되다

家里电视机有点儿旧了，爸爸准备买
Jiāli diànshìjī yǒudiǎr jiù le, bàba zhǔnbèi mǎi

一台新电视。
yì tái xīn diànshì.
집의 TV가 좀 오래 되어서 아버지는 새 TV 한 대를 사려고 하신다.

(2) 일상생활 Ⅱ

하우인과

☐ 躺 tǎng	(드러)눕다	☐ 刷牙 shuā yá	이를 닦다
☐ 睡觉 shuìjiào	잠을 자다	☐ 打扫 dǎsǎo	청소하다
☐ 梦 mèng	꿈	☐ 玩儿 wár	놀다
☐ 起床 qǐ chuáng	일어나다, 기상하다	☐ 说话 shuō huà	말을 하다
☐ 洗 xǐ	씻다	☐ 喂 wèi	(동물한테) 먹이를 주다
☐ 洗澡 xǐzǎo	목욕하다		

躺
tǎng

(동) 옆으로 드러눕다, 가로눕다

他累得躺在了沙发上。
Tā lèi de tǎng zài le shāfā shàng.
그는 피곤해서 소파에 누웠다.

* 沙发 shāfā 소파

我躺在床上很久了，还是睡不着。
Wǒ tǎngzài chuáng shàng hěn jiǔ le, háishi shuì bu zháo.
나는 침대에 누운 지 한참이 되었는데도 여전히 잠들지 못했다.

* 睡不着 shuì bu zháo 잠 수 없다, 잠들지 못하다

睡觉
shuì jiào

(동) 잠을 자다

他喜欢吃过饭后睡觉。
Tā xǐhuan chī guo fàn hòu shuì jiào.
그는 식사를 하고나서 잠자는 것을 좋아한다.

他的儿子经常睡觉睡得很晚。
Tā de érzi jīngcháng shuì jiào shuì de hěn wǎn.
그의 아들은 자주 잠을 늦게 잔다.

> **보카 활용포인트**
> '睡觉'는 이합동사입니다. 이합동사(离合动词)란 '生气(화를 내다)'처럼 동사로 쓰이지만 '生(내다, 발생하다)'과 목적어 '气(화)'와 같이 나뉠 수 있는 동사를 말합니다. 따라서 이합동사는 뒤에 목적어가 올 수 없는 자동사에 속합니다.

梦
mèng

(명) 꿈

我昨晚做了好梦。
Wǒ zuówǎn zuò le hǎo mèng.
나는 어제 좋은 꿈을 꾸었다.

你别做梦了，那是不可能发生的事情。
Nǐ bié zuò mèng le, nà shì bù kěnéng fāshēng de shìqíng.
꿈도 꾸지 마, 그건 불가능한 일이야.

> **보카 활용포인트**
> '做梦'은 '밤에 자면서 꿈을 꾸다'는 뜻입니다. 그러나 회화에서는 '실현 불가능한 일을 바라다'는 뜻으로 '别做梦(꿈꾸지 마라)'의 형태로 쓰여 부정적인 뜻을 나타냅니다.

起床
qǐchuáng

(동) 일어나다, 기상하다

时间还早，他还没有起床。
Shíjiān hái zǎo, tā hái méiyǒu qǐ chuáng.
이른 시간이라서 그는 아직 일어나지 않았다.

我每天六点钟起床，先运动半个小时。
Wǒ měitiān liù diǎnzhōng qǐ chuáng, xiān yùndòng bàn ge xiǎoshí.
나는 매일 6시에 일어나서 먼저 30분 동안 운동을 한다.

洗
xǐ

(동) 씻다

吃饭前，你们先要洗手。
Chī fàn qián, nǐmen xiān yào xǐ shǒu.
식사하기 전에 너희는 먼저 손을 씻어야 한다.

洗澡
xǐzǎo

(동) 목욕하다, 몸을 씻다

他每天睡觉前都要洗个澡。
Tā měitiān shuì jiào qián dōu yào xǐ ge zǎo.
그는 매일 자기 전에 항상 샤워를 해야 한다.

刷牙
shuā yá

(동) 이를 닦다

你要认真刷牙，牙齿才会健康。
Nǐ yào rènzhēn shuā yá, yáchǐ cái huì jiànkāng.
부지런히 이를 닦으세요. 그래야 이가 비로소 건강해집니다.

* 认真 rènzhēn 진지하다, 착실하다, 열심이다

今天早上刷牙的时候，我觉得牙很痛。
Jīntiān zǎoshang shuā yá de shíhou, wǒ juéde yá hěn tòng.
오늘 아침에 이를 닦을 때 나는 이가 아프다고 느꼈다.

打扫
dǎsǎo

(동) 청소하다

妈妈把我的房间打扫干净了。
Māma bǎ wǒ de fángjiān dǎsǎo gānjing le.
엄마가 내 방을 깨끗이 청소하셨다.

这里很久没人住了，所以很脏，需要
Zhèli hěn jiǔ méi rén zhù le, suǒyǐ hěn zāng, xūyào
打扫一下。
dǎsǎo yíxià.
여기는 오랫동안 사람이 살지 않아서 더러우니, 청소를 좀 해야 한다.

玩儿
wár

(동) 놀다

孩子们都喜欢玩儿游戏。
Háizimen dōu xǐhuan wár yóuxì.
아이들은 모두 게임하는 걸 좋아한다.

* 游戏 yóuxì 게임, 놀이

我出去玩儿一会儿，你在家休息吧。
Wǒ chūqu wár yí huìr, nǐ zài jiā xiūxi ba.
나는 잠깐 놀러 나갈 테니까 너는 집에서 쉬어라.

说话
shuō huà

(동) 말을 하다

我现在很累，不想和你说话。
Wǒ xiànzài hěn lèi, bù xiǎng hé nǐ shuō huà.
나는 지금 너무 피곤해서 너와 말을 하고 싶지 않다.

他 和 我 说话 的 时候, 总 是 不停 地 看 表。
Tā hé wǒ shuō huà de shíhou, zǒngshì bùtíng de kàn biǎo.
그는 나와 말을 할 때 늘 끊임없이 시계를 본다.

* 不停地　bùtíng de　계속해서

> **보카 활용포인트**
> 동사 '说话'는 동사 '说(하다)'와 목적어 '话(말)'으로 나뉠 수 있는 이합동사
> (离合动词)이므로 뒤에 목적어를 또 쓸 수 없습니다.

喂
wèi

(동) (동물에게) 먹이를 주다
(감탄) 야, 어이, 여보세요 [부르는 소리]

他 给 小狗 喂 牛奶。
Tā gěi xiǎogǒu wèi niúnǎi.
그는 강아지에게 우유를 먹인다.

喂, 请 等 一下, 你 忘记 拿 你 的 包 了。
Wèi, qǐng děng yíxià, nǐ wàngjì ná nǐ de bāo le.
여보세요, 잠시만 기다리세요, 가방 가져가는 것을 잊으셨네요.

거주와 집안 환경

(1) 거주

주거

☐ 家 jiā	집		☐ 关 guān	(열린 것을) 닫다
☐ 住 zhù	살다		☐ 角 jiǎo	모서리, 구석, 모퉁이
☐ 搬 bān	이사하다, 옮겨 가다		☐ 房间 fángjiān	방
☐ 电梯 diàntī	엘리베이터		☐ 厨房 chúfáng	부엌, 주방
☐ 门 mén	문		☐ 洗手间 xǐshǒujiān	화장실
☐ 低 dī	(키나 사물의 높이가) 낮다			

家
jiā

(명) 집

今天家里来客人了，妈妈做了很多菜。
Jīntiān jiā lǐ lái kèren le, māma zuò le hěn duō cài.
오늘 집에 손님이 오셔서 엄마가 음식을 많이 하셨다.

我家离市中心不远，坐公车两站就
Wǒ jiā lí shìzhōngxīn bù yuǎn, zuò gōngchē liǎng zhàn jiù

到了。
dào le.
우리 집은 시내에서 멀지 않아서 버스타고 두 정거장만 가면 된다.

* 市中心 shìzhōngxīn 시내 (한복판)

住
zhù

(동) 살다, 거주하다

你住在哪里？ 离这里远吗？
Nǐ zhù zài nǎlǐ? Lí zhèli yuǎn ma?
너는 어디에 사니? 여기에서 머니?

我住在公园旁边，每天都去散步。
Wǒ zhùzài gōngyuán pángbiān, měitiān dōu qù sàn bù.
나는 공원 근처에 살아서 매일 산책하러 간다.

搬
bān

(동) 이사하다, 옮겨 가다

我昨天搬家了，你们有空儿来我家玩儿。
Wǒ zuótiān bān jiā le, nǐmen yǒu kòr lái wǒ jiā wár.
나 어제 이사했어, 너희들 시간 있으면 우리 집에 놀러와.

* 空儿 kòr 틈, 짬, 겨를

电梯
diàntī

(명) 엘리베이터

这个电梯只到18层，不到20层。
Zhè ge diàntī zhǐ dào shíbā céng, bú dào èrshí céng.
이 엘리베이터는 18층까지만 운행하고, 20층은 가지 않아요.

我们走楼梯吧，电梯坏了，下午才能
Wǒmen zǒu lóutī ba, diàntī huài le, xiàwǔ cái néng

使用。
shǐyòng.
우리 계단으로 가요, 엘리베이터가 고장 나서 오후나 되어야 사용할
수 있어요.

* 楼梯 lóutī 계단, 층계

门
mén

(명) 문

对不起！我忘记关门了。
Duìbuqǐ! Wǒ wàngjì guān mén le.
죄송합니다! 제가 문 닫는 것을 잊었네요.

* 忘记 wàngjì 잊어버리다, 소홀히 하다

请把门关上，外面很吵。
Qǐng bǎ mén guān shàng, wàimiàn hěn chǎo.
바깥이 시끄러우니 문 좀 닫아주세요.

* 吵 chǎo 시끄럽다, 떠들썩하다

低
dī

(형) ① (키나 높이가) 낮다 ② (가격이) 싸다
③ (소리가) 낮다, 저음이다

这个楼很低，只有两层。
Zhè ge lóu hěn dī, zhǐ yǒu liǎng céng.
이 건물은 매우 낮은데 겨우 2층짜리이다.

这种商品价格低，质量好，受到市民
Zhè zhǒng shāngpǐn jiàgé dī, zhìliàng hǎo, shòudào shìmín
的欢迎。
de huānyíng.
이 상품은 가격이 싸고 품질이 좋아 시민들의 환영을 받았다.

他的声音很低，听起来没有什么力气。
Tā de shēngyīn hěn dī, tīng qǐlái méiyǒu shénme lìqi.
그는 목소리가 매우 저음인데 듣기에 기운이 하나도 없다.

＊力气 lìqi 기운, 힘

关
guǎn

(동) ① (열린 것을) 닫다 ② 끄다
(반) 开 kāi (닫힌 것을) 열다

请把门关上好吗？我觉得有点冷。
Qǐng bǎ mén guānshàng hǎo ma? Wǒ juéde yǒudiǎn lěng.
좀 추우니 문을 닫아주시겠습니까?

现在已经晚上九点了，商店已经关
Xiànzài yǐjīng wǎnshang jiǔ diǎn le, shāngdiàn yǐjīng guān
门了。
mén le.
지금은 이미 9시라서 상점은 벌써 문을 닫았다.

보카 활용포인트

(1) '열려 있는 것을 닫다'는 뜻으로 쓰입니다.
: 关(门 mén 문 / 窗户 chuānghu 창문 / 抽屉 chōuti 서랍)
(2) '전기장치에 전기가 안 통하게 스위치를 끄다'는 뜻으로 쓰입니다.
: 关(电视 diànshì 텔레비전 / 收音机 shōuyīnjī 라디오 / 空调
kōngtiáo 에어컨)
(3) '기업 따위가 문을 닫다, 파산하다, 폐업하다'는 뜻으로 쓰입니다.
: 关(商店 shāngdiàn 상점 / 饭馆 fànguǎn 음식점 / 洗衣店
xǐyīdiàn 세탁소)

角
jiǎo

(명) ① 모서리, 구석, 모퉁이　② (짐승의) 뿔

这个桌子是方的，一共有四个角。
Zhè ge zhuōzi shì fāng de , yígòng yǒu sì ge jiǎo.
이 탁자는 네모 모양으로 모두 4개의 모서리가 있다.

这头牛的头上长了两只角。
Zhè tóu niú de tóu shàng zhǎng le liǎng zhī jiǎo.
이 소의 머리에는 뿔이 두개 났다.

房间
fángjiān

(명) 방

我的房间在十七楼的808号。
Wǒ de fángjiān zài shíqī lóu de bā líng bā hào.
내 방은 17층 808호이다.

你打扫房间的时候，有没有看到我的
Nǐ dǎsǎo fángjiān de shíhou, yǒu méiyǒu kàn dào wǒ de

钱包？
qiánbāo?
너 방 청소할 때 내 지갑 못 봤어?

* ~的时候 de shíhou ～할 때

厨房
chúfáng

(명) 부엌, 주방

妈妈在厨房里做饭，我在客厅看电视。
Māma zài chúfáng lǐ zuò fàn, wǒ zài kètīng kàn diànshì.
엄마는 부엌에서 음식을 하시고, 나는 거실에서 TV를 본다.

厨房里有很多好吃的东西，你可以
Chúfáng li yǒu hěn duō hǎochī de dōngxi, nǐ kěyǐ

随便吃。
suíbiàn chī.
부엌에 맛있는 음식들이 많이 있으니까 네 마음대로 먹어도 돼.

* 随便 suíbiàn 마음대로, 좋을 대로

洗手间
xǐshǒujiān

(명) 화장실

请你告诉我洗手间在哪里？
Qǐng nǐ gàosu wǒ xǐshǒujiān zài nǎlǐ?
화장실이 어딘지 알려주시겠어요?

* 告诉 gàosu 알리다, 말하다

这个房子有客厅、两个卧室、还有一

Zhè ge fángzi yǒu kètīng、liǎng ge wòshì、háiyǒu yí

个洗手间。

ge xǐshǒujiān.

이 집은 거실 1개, 침실 2개, 그리고 화장실 1개가 있다.

(2) 집안 환경

집안 물건

☐ 东西 dōngxi	물건		☐ 桌子 zhuōzi	책상
☐ 放 fàng	두다, 놓다		☐ 椅子 yǐzi	의자
☐ 冰箱 bīngxiāng	냉장고		☐ 灯 dēng	등, 등불
☐ 空调 kōngtiáo	에어컨		☐ 包 bāo	(물건을 담는) 포대, 자루
☐ 电视 diànshì	TV, 텔레비전		☐ 是 shì	~이다
☐ 节目 jiémù	프로(그램)		☐ 相同 xiāngtóng	(똑)같다

东西
dōngxi

(명) ① 물건, 음식
② (도리, 지식, 예술 따위의) 추상적인 것

东西放在这里比较安全，你放心好了。
Dōngxi fàngzài zhèli bǐjiào ānquán, nǐ fàngxīn hǎo le.
물건을 여기에 두는 것은 비교적 안전하니 안심하세요.

* 安全 ānquán 안전하다

放假的时候，我学习了不少东西。
Fàng jià de shíhou, wǒ xuéxí le bù shǎo dōngxi.
방학 때, 나는 많은 것을 배웠다.

放
fàng

(동) 두다, 놓다

他把刚买的水果放在了冰箱里。
Tā bǎ gāng mǎi de shuǐguǒ fàngzài le bīngxiāng li.
그는 방금 산 과일을 냉장고에 넣었다.

你把东西放在袋子里, 这样可以方便地
Nǐ bǎ dōngxi fàngzài dàizi li, zhèyàng kěyǐ fāngbiàn de

拿走。
ná zǒu.
물건을 봉지에 넣으세요, 이렇게 하면 편하게 가지고 갈 수 있어요.

* 袋子 dàizi 봉지, 주머니, 자루, 포대

冰箱
bīngxiāng

(명) 냉장고

冰箱里有饮料, 我可以随便喝。
Bīngxiāng lǐ yǒu yǐnliào, wǒ kěyǐ suíbiàn hē.
냉장고에 음료수가 있어서 내 마음대로 마실 수 있다.

冰箱里的东西太多了, 都装不下了。
Bīngxiāng lǐ de dōngxi tài duō le, dōu zhuāng bu xià le.
냉장고 안에 음식이 너무 많아서 이제는 넣을 수가 없다.

* 装 zhuāng (물건을) 담다, 싣다, 채워 넣다

空调
kōngtiáo

(명) 에어컨

今天我家里新装了一台空调。
Jīntiān wǒ jiāli xīn zhuāng le yì tái kōngtiáo.
오늘 우리 집에 새로 에어컨 한 대를 설치했다.

天气太热了, 你怎么不开空调?
Tiānqì tài rè le, nǐ zěnme bù kāi kōngtiáo?
날씨가 너무 더운데 너는 왜 에어컨을 켜지 않니?

电视
diànshì

(명) TV, 텔레비전

你把电视打开, 看看有什么节目。
Nǐ bǎ diànshì dǎ kāi, kànkan yǒu shénme jiémù.
네가 TV를 켜고 무슨 프로 하는지 좀 봐.

爷爷在沙发上一边喝茶一边看电视。
Yéye zài shāfā shàng yìbiān hē chá yìbiān kàn diànshì.
할아버지는 소파에서 차를 마시면서 TV를 보신다.

节目
jiémù

(명) 프로(그램)

今天的节目看了吗？我觉得好极了。
Jīntiān de jiémù kàn le ma? Wǒ juéde hǎo jí le.
오늘 프로그램 봤니? 너무 재미있더라.

电视台的节目很多，有体育节目、
Diànshìtái de jiémù hěn duō, yǒu tǐyù jiémù、
娱乐节目、生活节目等。
yúlè jiémù、shēnghuó jiémù děng.
방송국 프로그램은 스포츠 프로, 오락프로, 생활프로 등 아주 많다.

桌子
zhuōzi

(명) 책상, 탁자, 테이블

大家都坐在桌子的旁边，听老师讲
Dàjiā dōu zuòzài zhuōzi de pángbiān, tīng lǎoshī jiǎng
故事。
gùshi.
모두가 책상 옆에 앉아서 선생님께서 하시는 이야기를 듣는다.

* 旁边 pángbiān 옆쪽
* 故事 gùshi 이야기

椅子
yǐzi

(명) 의자

客厅里有一张桌子和一把椅子。
Kètīng li yǒu yì zhāng zhuōzi hé yì bǎ yǐzi.
거실에 테이블 하나와 의자 하나가 있다.

* 把 bǎ 의자, 우산 등 손잡이가 있는 물건 또는 손으로 잡을 데가 있는 물건
  을 세는 단위

灯
dēng

(명) 등, 전등

你出门的时候别忘记关灯。
Nǐ chū mén de shíhou bié wàngjì guān dēng.
너는 외출할 때 불을 끄는 것을 잊지 말아라.

房间里有灯，感觉很亮。
Fángjiān li yǒu dēng, gǎnjué hěn liàng.
방에 등이 많아서 밝게 느껴진다.

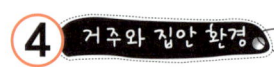

包
bāo

(명) ① (물건을 담는) 포대, 자루, 가방, 주머니
② 봉지, 꾸러미, 보자기
(동) (종이나 천으로) 싸(매)다

这个包是妈妈送给我的生日礼物。
Zhè ge bāo shì māma sònggěi wǒ de shēngrì lǐwù.
이 가방은 엄마가 나한테 주신 생일 선물이다.

我用纸把礼物包起来，放在了桌子上。
Wǒ yòng zhǐ bǎ lǐwù bāo qǐ lái, fàngzài le zhuōzi shàng.
나는 종이로 선물을 포장해서 테이블 위에 두었다.

是
shì

(동) ~이다

这是我的书包，那是她的钱包。
Zhè shì wǒ de shūbāo, nà shì tā de qián bāo.
이것은 내 책가방이고 저것은 그녀의 지갑이다.

我不是上海人，是北京人。
Wǒ bú shìShànghǎi rén, shìBěijīng rén.
나는 상하이 사람이 아니고 북경 사람이다.

相同
xiāngtóng

(형) (똑)같다, 서로 같다

我们的生日相同，都是12月1日。
Wǒmen de shēngrì xiāngtóng, dōu shì shí'èr yuè yī rì.
우리 생일은 똑같이 모두 12월 1일이다.

他衣服的颜色跟我的相同。
Tā yīfu de yánsè gēn wǒ de xiāngtóng.
그의 옷 색깔은 내 것과 똑같다.

1·2·3급 신HSK 테마별 VOCA **5** 수와 양

(1) 수(数)

숫자

□ 零	líng	0	□ 七	qī	7
□ 一	yī	1	□ 八	bā	8
□ 二	èr	2	□ 九	jiǔ	9
□ 两	liǎng	둘	□ 十	shí	10
□ 三	sān	3	□ 百	bǎi	100
□ 四	sì	4	□ 千	qiān	1000, 천
□ 五	wǔ	5	□ 万	wàn	10000, 만
□ 六	liù	6	□ 第一	dìyī	제1, 첫(번)째

零
líng

(수) 0, 영

今天足球比赛的最终比分是4：0。
Jīntiān zúqiú bǐsài de zuìzhōng bǐfēn shì sì bǐ líng.
오늘 축구 시합의 최종 점수는 4 대 0이다.

* 比分 bǐfēn (경기의) 점수, 득점, 스코어

一
yī

(수) 1, 일, 하나

他告诉我一件事。
Tā gàosu wǒ yí jiàn shì.
그는 나에게 한 가지 일을 알려 주었다.

二
èr

(수) 2, 이, 둘

我第二次来中国。
Wǒ dì èr cì lái Zhōngguó.
나는 중국에 두 번째 왔다.

两
liǎng

(수) 둘

我们两个人经常在一起学习汉语。
Wǒmen liǎng ge rén jīngcháng zài yìqǐ xuéxí Hànyǔ.
우리 둘은 자주 함께 중국어를 공부한다.

> **보카 활용포인트**
> 二은 일반적인 숫자 2 또는 순서 2번째란 뜻으로 쓰이고, 两은 주로 짝을
> 이루는 사물을 셀 때, 또는 양사 앞에 쓰입니다.

三
sān

(수) 3, 삼, 셋

我去过三次北京。
Wǒ qù guo sān cì Běijīng.
나는 북경에 세 번 간 적이 있다.

四
sì

(수) 4, 사, 넷

我们宿舍有四个人，大家关系很好。
Wǒmen sùshè yǒu sì ge rén, dàjiā guānxi hěn hǎo.
우리 기숙사에 4명이 있는데 모두 사이가 좋다.

* 关系 guānxi (사람과 사람, 사람과 사물 사이의) 관계, 사이

五
wǔ

(수) 5, 오, 다섯

今天是星期五，明天放假。
Jīntiān shì xīngqī wǔ, míngtiān fàng jià.
오늘은 금요일이고, 내일 방학한다.

* 放假 fàng jià 방학하다, (학교나 직장이) 휴가로 쉬다

六
liù

(수) 6, 육, 여섯

会议六点钟开始，请准时参加。
Huìyì liù diǎnzhōng kāishǐ, qǐng zhǔnshí cānjiā.
회의는 6시에 시작하오니 제 시간에 참가해 주시길 바랍니다.

* 准时 zhǔnshí 정확한 시간, 정각

七
qī

(수) 7, 칠, 일곱

我每天早上七点起床。
Wǒ měi tiān zǎoshang qī diǎn qǐ chuáng.
나는 매일 아침 7시에 일어난다.

八 bā	(수) 8, 팔, 여덟 我们八点钟上课。 Wǒmen bā diǎnzhōng shàng kè. 우리는 8시에 수업한다.
九 jiǔ	(수) 9, 구, 아홉 我们在今年九月份有期中考试。 Wǒmen zài jīnnián jiǔ yuèfèn yǒu qīzhōng kǎoshì. 우리는 올해 9월에 중간고사가 있다. * 期中考试 qīzhōng kǎoshì 중간고사
十 shí	(수) 10, 십, 열 妈妈买了十个苹果。 Māma mǎi le shí ge píngguǒ. 엄마가 사과 10개를 사오셨다. * 苹果 píngguǒ 사과
百 bǎi	(수) 100, 백 我钱包里有五百块钱。 Wǒ qiánbāo lǐ yǒu wǔ bǎi kuài qián. 내 지갑에 500위안이 있다. * 钱包 qiánbāo 돈 지갑, 돈 주머니, 돈 가방
千 qiān	(수) 1000, 천 我一个月的生活费三千元。 Wǒ yí ge yuè de shēnghuó fèi sān qiān yuán. 내 한 달 생활비는 3000위안이다.
万 wàn	(수) 10000, 만 球场里坐了一万名观众。 Qiúchǎng lǐ zuò le yí wàn míng guānzhòng. 구장에 만 명의 관중이 앉아 있다. * 球场 qiúchǎng (야구, 농구, 축구 등 구기를 하는) 구장

第一
dìyī

(수) 제1, 첫(번)째

我得了第一名，家里人都很高兴。
Wǒ dé le dì yī míng, jiālǐ rén dōu hěn gāoxìng.
내가 1등을 해서 가족들 모두 기뻐했다.

* 高兴 gāoxìng 좋아하다, 기뻐하다, 즐거워하다

这是他第一次来中国，对什么都很
Zhè shì tā dì yī cì lái Zhōngguó, duì shénme dōu hěn

感兴趣。
gǎn xìngqù.
이번에 그가 중국에 처음 와서 뭐든지 다 흥미가 있다.

* 感 gǎn 느끼다, 생각하다
* 兴趣 xìngqù 흥미, 취미, 관심

(2) 양(量)

수량과 수량단위

□ 多 duō	(수량이) 많다	□ 短 duǎn	(길이가) 짧다
□ 少 shǎo	(수량이) 적다	□ 久 jiǔ	(시간이) 길다
□ 大 dà	(크기가) 크다	□ 半 bàn	(절)반
□ 小 xiǎo	(크기가) 작다	□ 公斤 gōngjīn	킬로그램, kg
□ 长 cháng	(길이가) 길다		

多
duō

(형) (수량이) 많다

花园里的花真多啊！
Huāyuán lǐ de huā zhēn duō a!
정원의 꽃은 정말 많구나!

动物园里有很多动物。
Dòngwùyuán lǐ yǒu hěn duō dòngwù.
동물원에 많은 동물이 있다.

少
shǎo

(형) (수량이) 적다

现在是暑假, 教室里的学生有点少。
Xiànzài shì shǔ jià, jiàoshì lǐ de xuésheng yǒudiǎn shǎo.
지금은 여름 방학이어서 교실 안의 학생은 좀 적다.

* 暑假 shǔ jià 여름 방학, 여름 휴가

我今天中午吃得很少, 现在感觉
Wǒ jīntiān zhōngwǔ chī de hěn shǎo, xiànzài gǎnjué

有点儿饿。
yǒudiǎr è.
나는 오늘 점심에 너무 적게 먹어서 지금 배가 좀 고프다.

大
dà

(형) ① (크기가) 크다 ② (바람이) 많이 불다
③ (눈이나 비가) 많이 내리다 ④ (나이가) 많다

这间会议室好大啊! 能坐两万多人。
Zhè jiān huìyìshì hǎo dà a!Néng zuò liǎng wàn duō rén.
이 회의실은 아주 크군요! 2만 여명은 앉을 수 있겠네요.

* 会议室 huìyìshì 회의실

今天的风很大, 不能骑自行车。
Jīntiān de fēng hěn dà, bù néng qí zìxíngchē.
오늘 바람이 너무 강해서 자전거를 탈 수 없다.

雨越来越大了, 你们等一会儿再走吧。
Yǔ yuèláiyuè dà le, nǐmen děng yí huìr zài zǒu ba.
비가 점점 많이 오는데 너희들 좀 있다가 가라.

小
xiǎo

(형) ① (크기가) 작다 ② (바람이) 적게 불다
③ (눈이나 비가) 적게 내리다
④ (나이가) 어리다, 적다

你说话声音太小, 我没听清楚。
Nǐ shuō huà shēngyīn tài xiǎo, wǒ méi tīng qīngchu.
당신이 말하는 소리가 너무 작아서 제가 잘 안 들립니다.

* 声音 shēngyīn (목)소리
* 清楚 qīngchu 분명하다. 명확하다, 뚜렷하다

他的年纪还小，不懂事，请原谅他。
Tā de niánjì hái xiǎo, bù dǒng shì, qǐng yuánliàng ta.
그는 나이가 아직 어려서 철이 없으니 그를 용서해 주세요.

* 年纪 niánjì 나이

长
cháng

(형) (길이가) 길다

这条路太长了，我们走了很长时间。
Zhè tiáo lù tài cháng le, wǒmen zǒu le hěn cháng shíjiān.
이 길은 너무 길어서 우리는 한참을 걸었다.

他说了很长时间，感觉有点累了。
Tā shuō le hěn cháng shíjiān, gǎnjué yǒudiǎn lèi le.
그는 오랫동안 말을 해서 약간 피곤함을 느꼈다.

短
duǎn

(형) (길이가) 짧다

北京的秋天比较短。
Běijīng de qiūtiān bǐjiào duǎn.
북경의 가을은 짧은 편이다.

这条裤子他穿太长了，换一条短一
Zhè tiáo kùzi tā chuān tài cháng le, huàn yì tiáo duǎn yì

点的。
diǎn de.
이 바지는 그가 입기에 너무 길어요, 좀 짧은 것으로 바꿔주세요.

久
jiǔ

(형) 오래다, (시간이) 길다

你准备在这里呆多久？
Nǐ zhǔnbèi zài zhèlǐ dāi duō jiǔ?
당신은 여기에서 얼마나 머무를 예정이십니까?

* 呆 dāi 머무르다

我很久没有见到你了，最近过得好吗？
Wǒ hěn jiǔ méiyǒu jiàndào nǐ le, zuìjìn guò de hǎo ma?
저는 오랫동안 당신을 뵙지 못했네요, 요즘 잘 지내세요?

* 最近 zuìjìn 최근, 요즈음

半
bàn

(수) (절)반, 2분의1

这块蛋糕我吃了一半，另一半留给
Zhè kuài dàngāo wǒ chī le yíbàn, lìng yíbàn liú gěi

弟弟。
dìdi.

나는 이 케이크 절반을 먹었고, 나머지 반은 동생에게 남겨 주었다.

* 留 liú (~에) 남기다, 물려주다, 전하다

公斤
gōngjīn

(명) kg, 킬로그램

我现在的体重是60公斤，比去年胖多
Wǒ xiànzài de tǐzhòng shì liùshí gōngjīn, bǐ qùnián pàngduō

了。
le.

현재 내 몸무게는 60kg인데, 작년보다 살이 많이 쪘다.

* 体重 tǐzhòng 몸무게, 체중

(1) 시간 I

과거·현재·미래

☐ **过去** guòqù	과거	☐ **现在** xiànzài	지금, 현재
☐ **以前** yǐqián	이전	☐ **刚才** gāngcái	지금 막, 방금
☐ **近来** jìnlái	근래, 요즘	☐ **以后** yǐhòu	이후
☐ **最近** zuìjìn	최근, 요즘		

过去
guòqù

(명) 과거

你过去是做什么工作的?
Nǐ guòqù shì zuò shénme gōngzuò de?
너는 전에 무슨 일을 했었니?

过去我是老师，现在在公司工作。
Guòqù wǒ shì lǎoshi, xiànzài zài gōngsī gōngzuò.
과거에 나는 선생님이었지만 지금은 회사에서 일하고 있어.

> **보카 활용 포인트**
> '시간사(时点词)'란 '과거, 현재, 최근, 오늘, 내일'처럼 시간을 나타내는 말로 하나의 시점을 나타냅니다. 시간사는 주어와 함께 문장 맨 앞에 쓰이는데, 이 때 시간사는 주어 앞 뒤 상관없이 모두 써도 됩니다.

以前
yǐqián

(명) 이전

我以前听过这个故事。
Wǒ yǐqián tīngguo zhè ge gùshi.
나는 전에 이 이야기를 들어본 적이 있다.

你以前来过这里吗? 我来过两次。
Nǐ yǐqián láiguo zhèlǐ ma? Wǒ láiguo liǎng cì.
너 전에 여기에 와 본 적 있니? 나는 두 번 와봤어.

近来
jìnlái

(명) 근래, 요즘

你近来好吗，在忙什么？
Nǐ jìnlái hǎo ma, zài máng shénme?
너 요즘 잘 지내고 있니, 뭐가 그렇게 바쁘니?

我近来忙着学习，下个月有考试。
Wǒ jìnlái mángzhe xuéxí, xià ge yuè yǒu kǎoshì.
나는 요즘 공부하느라 바빠, 다음 달에 시험이 있거든.

最近
zuìjìn

(명) 최근, 요즘

最近她的身体不太好，总是感冒。
Zuìjìn tā de shēntǐ bútài hǎo, zǒngshì gǎnmào.
요즘 그녀는 건강이 별로 좋지 않아서 늘 감기에 걸린다.

* 不太 bútài 그다지 (별로) ~하지 않다
* 总是 zǒngshì 늘, 항상

现在
xiànzài

(명) 지금, 현재, 이제

请问，现在几点了？
Qǐngwèn, xiànzài jǐ diǎn le?
실례합니다만 지금 몇 시입니까?

现在是五点钟，是下班时间。
Xiànzài shì wǔ diǎnzhōng, shì xiàbān shíjiān.
지금은 5시에요, 퇴근 시간이네요.

刚才
gāngcái

(부) 지금 막, 방금, 조금 전

他今天来了，我刚才看见他了。
Tā jīntiān lái le, wǒ gāngcái kàn jiàn tā le.
그는 오늘 왔어요, 제가 방금 그를 보았어요.

小王刚才出去吃饭了，不在办公室。
Xiǎowáng gāngcái chū qu chī fàn le, bú zài bàngōngshì.
샤오왕은 방금 식사하러 나가서 사무실에 없어요.

以后
yǐhòu

(명) 그 후, 이후, 다음에

现在没有时间，我以后再来找你。
Xiànzài méiyǒu shíjiān, wǒ yǐhòu zài lái zhǎo nǐ.
지금은 시간이 없으니까 내가 나중에 다시 너를 찾아올게.

这次就原谅你了, 以后不要再这样做了。
Zhè cì jiù yuánliàng nǐ le, yǐhòu bú yào zài zhèyàng zuò le.
이번엔 용서해 줄 테니 앞으로 다시는 이렇게 하지 마세요.

* 原谅 yuánliàng 용서하다, 양해하다

보카 활용포인트
(1) 过去 (과거) ← 现在 (현재) → 未来 wèilái (미래)
(2) 以前 (이전) ← 最近 [= 近来] (최근) ← 刚才 (방금) ← 现在 (현재)
　　 → 以后 (이후)

(2) 시간 Ⅱ

년·월·일·요일

□ **年** nián	해, 년	□ **月** yuè	(날짜의) 월, 달
□ **去年** qùnián	작년	□ **日** rì	(특정한) 날, 일
□ **后年** hòunián	내후년	□ **号** hào	일
		□ **星期** xīngqī	주, 요일
		□ **周末** zhōumò	주말

年
nián

(명) 해, 년

你哪一年出生的?
Nǐ nǎ yì nián chūshēng de?
당신은 몇 년생입니까?

* 出生 chūshēng 출생(하다), 태어나다

我是1986年出生的。
Wǒ shì yī jiǔ bā liù nián chūshēng de.
저는 1986년생입니다.

我已经上了四年的大学。
Wǒ yǐjīng shàng le sì nián de dàxué.
나는 이미 4년 간 대학을 다녔다.

去年
qùnián

(명) 작년, 지난 해

我是去年毕业的, 已经工作一年了。
Wǒ shì qùnián bì yè de, yǐjing gōngzuò yì nián le.
나는 작년에 졸업했고, 이미 일 년 동안 일하고 있다.

* 毕业 bì yè 졸업하다

后年
hòunián

(명) 내후년

我后年就毕业了。
Wǒ hòunián jiù bì yè le.
나는 내후년에 졸업한다.

他打算后年去中国留学。
Tā dǎsuan hòunián qùZhōngguó liú xué.
나는 내후년에 중국으로 유학 갈 계획이다.

* 打算 dǎsuan ~하려고 하다, ~할 작정(예정, 계획)이다

> **본카 활용포인트**
>
> 前年 qiánnián(재작년) ← **去年** (작년) ← 今年(올해) → 明年(내년) →
> 后年(내후년)

月
yuè

(명) (날짜의) 월, 달

现在是七月份, 天气很热。
Xiànzài shì qī yuèfèn, tiānqì hěn rè.
지금은 7월이라서 날씨가 매우 덥다.

* 月份(儿) yuèfèn(r) 달, 월분 [어느 한 달을 가리킴]

我学习汉语有6个月了, 可以说简单
Wǒ xuéxíHànyǔ yǒu liù ge yuè le, kěyǐ shuō jiǎndān

的话。
de huà.
나는 중국어를 6개월 정도 공부해서 간단한 말을 할 수 있다.

* 简单 jiǎndān 간단하다, 단순하다

日
rì

(명) (특정한) 날, 일

今天是7月6日, 是我的生日。
Jīntiān shì qī yuè liù rì, shì wǒ de shēngrì.
오늘은 7월 6일이고, 내 생일이다.

* 生日 shēngrì 생일

我星期日去图书馆，想借几本书。
Wǒ xīngqī rì qù túshūguǎn, xiǎng jiè jǐ běn shū.
나는 일요일에 도서관에 가서 책 몇 권을 빌리고 싶다.

* 图书馆 túshūguǎn 도서관

号
hào

(명) ① (날짜의) 일
② (차례, 순번을 표시하는) 번호

十月一号是中国的国庆节。
Shí yuè yī hào shì Zhōngguó de Guóqìngjié.
10월 1일은 중국의 국경절이다.

我是这个月1号来北京的。
Wǒ shì zhè ge yuè yí hào lái Běijīng de.
나는 이번 달 1일에 중국에 왔다.

> **보카활용포인트**
> '日'와 '号'는 모두 '(특정한) 날, 일'이란 뜻으로 동의어이지만 日는 주로 서면어에, 号는 구어에 쓰입니다.

星期
xīngqī

(명) 주, 요일

我们的工作这个星期就能完成。
Wǒmen de gōngzuò zhè ge xīngqī jiù néng wánchéng.
우리 일은 이번 주면 곧 끝낼 수 있다.

* 完成 wánchéng 완성하다, (예정대로) 끝내다, 마치다

我来中国两个星期了，还没去天安门
Wǒ lái Zhōngguó liǎng gè xīngqī le, hái méi qù Tiān' ānmén
参观。
cānguān.
내가 중국에 온 지 2주가 되었는데 아직 천안문에 가보지 못했다.

* 参观 cānguān (전람회 · 공장 · 명승지 등을) 참관하다, 견학하다, 시찰하다

'星期'는 '주, 요일'이란 뜻으로 '周 zhōu'와 동의어입니다.

	星期	周
월요일	星期一	周一
화요일	星期二	周二
수요일	星期三	周三
목요일	星期四	周四
금요일	星期五	周五
토요일	星期六	周六
일요일	星期天, 星期日	周日

周末
zhōumò

(명) 주말

周末我不上班，在家休息。
Zhōumò wǒ bú shàng bān, zài jiā xiūxi.
나는 주말에 출근하지 않고 집에서 쉰다.

周末你有时间吗？ 我们一起去爬山吧。
Zhōumò nǐ yǒu shíjiān ma?　Wǒmen yìqǐ qù pá shān ba.
너 주말에 시간 있니? 우리 같이 등산가자.

* 爬山 pá shān 등산하다, 산에 올라가다

(3) 시간Ⅲ

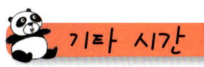
기타 시간

☐ 昨天 zuótiān 어제	☐ 早上 zǎoshang 아침
☐ 今天 jīntiān 오늘	☐ 晚上 wǎnshang 저녁
☐ 明天 míngtiān 내일	☐ 上午 shàngwǔ 오전
	☐ 中午 zhōngwǔ 정오, 점심
	☐ 下午 xiàwǔ 오후

昨天
zuótiān

(명) 어제

你昨天看了那场足球比赛吗?
Nǐ zuótiān kàn le nà chǎng zúqiú bǐsài ma?
너 어제 그 축구 경기 봤니?

* 足球比赛 zúqiú bǐsài 축구 경기(시합)
* 场 chǎng 체육, 문예, 오락 활동을 세는 단위

昨天我觉得很累,就早点儿睡了,
Zuótiān wǒ juéde hěn lèi, jiù zǎo diǎr shuì le,

所以没有看到。
suǒyǐ méiyǒu kàn dào.
나는 어제 너무 피곤해서 일찍 자는 바람에 못 봤어.

今天
jīntiān

(명) 오늘

今天星期六了,工作完成了吗?
Jīntiān xīngqī liù le, gōngzuò wánchéng le ma?
오늘이 토요일인데 일은 다 끝냈니?

* 完成 wánchéng 완성하다, (예정대로) 끝내다, 완수하다

今天天气很好,我们出去散步吧。
Jīntiān tiānqì hěn hǎo, wǒmen chū qu sàn bù ba.
오늘은 날씨가 좋으니까 우리 산책하러 나갑시다.

明天
míngtiān

(명) 내일

明天我要考试。
Míngtiān wǒ yào kǎoshì.
내일 나는 시험을 봐야 한다.

天气预报说明天天气怎么样?
Tiānqì yùbào shuō míngtiān tiānqì zěnmeyàng?
일기예보에서 내일 날씨가 어떻다고 하던가요?

> **보카 활동포인트**
> 前天 qiántiān(그저께) ← 昨天(어제) ← 今天(오늘) → 明天(내일) →
> 后天 hòutiān (모레)

早上
zǎoshang

(명) 아침

我今天早上没有吃早饭。
Wǒ jīntiān zǎoshang méi yǒu chī zǎofàn.
나는 오늘 아침 식사를 하지 않았다.

我每天早上7点起床，你早上几点
Wǒ měi tiān zǎoshang qī diǎn qǐ chuáng, nǐ zǎoshang jǐ diǎn
起床？
qǐ chuáng?
나는 매일 아침 7시에 일어나는데, 너는 아침 몇 시에 일어나니?

* 起床 qǐ chuáng 일어나다, 기상하다

晚上
wǎnshang

(명) 저녁

你晚上几点睡觉？
Nǐ wǎnshang jǐ diǎn shuì jiào?
당신은 저녁 몇 시에 잡니까?

我每天晚上看连续剧。
Wǒ měi tiān wǎnshang kàn liánxùjù.
나는 매일 저녁마다 드라마를 본다.

上午
shàngwǔ

(명) 오전

我们上午学习汉语口语。
Wǒmen shàngwǔ xuéxí Hànyǔ kǒuyǔ.
우리는 오전에 중국어 회화를 공부한다.

我打扫了一上午的房间。
Wǒ dǎsǎo le yí shàngwǔ de fángjiān.
나는 오전 내내 방을 청소했다.

* 打扫 dǎsǎo 청소하다

中午
zhōngwǔ

(명) 정오, 점심, 낮 12시 전후

你中午想吃什么菜？
Nǐ zhōngwǔ xiǎng chī shénme cài?
너는 점심에 무슨 요리를 먹고 싶니?

* 菜 cài 요리, 음식

中午我一个人去食堂吃饭。
Zhōngwǔ wǒ yí gè rén qù shítáng chī fàn.
점심에 나는 혼자 밥을 먹으러 식당에 간다.

* 食堂 shítáng 식당, 음식점

下午
xiàwǔ

(명) 오후

我下午喜欢喝杯咖啡。
Wǒ xiàwǔ xǐhuan hē bēi kāfēi.
나는 오후에 커피 한잔 마시는 것을 좋아한다.

* 杯 bēi 잔이나 컵을 세는 단위 (~잔, ~컵)
* 咖啡 kāfēi 커피

下午我想去书店，买两本书。
Xiàwǔ wǒ xiǎng qù shūdiàn, mǎi liǎng běn shū.
오후에 나는 서점에 가서 책 두 권을 사고 싶다.

> **보카활용포인트**
> 早上(아침) → 上午(오전) → 中午(정오, 낮) → 下午(오후) → 晚上(저녁)

(4) 시간 Ⅳ

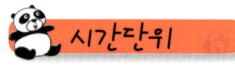 시간단위

☐ 小时 xiǎoshí 시간	☐ 分钟 fēnzhōng 분(간)
☐ 时候 shíhou 때, 시각	☐ 刻 kè 15분
☐ 时间 shíjiān 시간	☐ 差 chà 부족하다, 모자라다
☐ 点 diǎn ~시	

小时
xiǎoshí

(명) 시간

我们一个小时后在学校见面吧。
Wǒmen yí ge xiǎoshí hòu zài xuéxiào jiàn miàn ba.
우리 한 시간 후에 학교에서 만나자.

* 见面 jiàn miàn 만나다, 대면하다
* 学校 xuéxiào 학교

从北京到首尔坐飞机需要两个小时。
Cóng Běijīng dào Shǒu'ěr zuò fēijī xūyào liǎng ge xiǎoshí.
북경에서 서울까지 비행기로 두 시간이 걸린다.

* 需要 xūyào 필요(로) 하다, 요구되다

时候
shíhou

(명) 때, 시각, 시간

篮球比赛将在什么时候举行？
Lánqiú bǐsài jiāng zài shénme shíhou jǔxíng?
농구 시합은 언제 하나요?

* 将 jiāng 장차, 막, 곧

时间
shíjiān

(명) 시간

最近工作太忙，没有时间学习。
Zuìjìn gōngzuò tài máng, méiyǒu shíjiān xuéxí.
요즘에 일이 너무 바빠서 공부할 시간이 없다.

完成这个任务需要多少时间？
Wánchéng zhè ge rènwù xūyào duōshao shíjiān?
이 임무를 달성하는데 얼마나 걸립니까?

* 任务 rènwù 임무, 책무

> **보카 활용포인트**
>
> '时候'와 '时间'은 둘 다 '시간'이라는 뜻을 가지고 있습니다.
> (1) '时候'는 '买东西的时候 (물건을 살 때) / 回家的时候 (귀가할 때) /
> 吃饭的时候 (식사할 때) / 小时候 (어릴 때)'처럼 '어느 한 시점·때·기
> 점'을 말하고, 그 앞에 보통 이 시간의 구체적인 특징을 나타내는 수식어가
> 오며, '时候'가 가리키는 시간이 어느 정도인지 정해져 있지 않습니다.
> (2) '时间'은 '开会时间 (회의시간) / 上课时间 (수업시간)'처럼 이미 확정
> 된 시간을 말하며, '有时间 (시간이 있다) / 没有时间 (시간이 없다)'처
> 럼 남는 시간을 표시할 때에도 '时间'을 씁니다.

点
diǎn

(명) 규정된(지정된) 시간, 시 [시간의 단위]

他每天晚上十二点睡觉。
Tā měi tiān wǎnshang shí'èr diǎn shuì jiào.
그는 매일 저녁 12시에 잔다.

我六点钟下班，七点钟到家。
Wǒ liù diǎnzhōng xià bān, qī diǎnzhōng dào jiā.
나는 6시에 퇴근해서 7시면 집에 도착한다.

分钟
fēnzhōng

(명) 분(간)

他等了30分钟，才坐上公共汽车。
Tā děng le sānshí fēnzhōng, cái zuò shàng gōnggòng qìchē.
그는 30분을 기다리고 나서야 겨우 버스를 탔다.

* 公(共汽)车 gōng(gòng qì)chē 버스

你能再等我两分钟吗？我马上就回来。
Nǐ néng zài děng wǒ liǎng fēnzhōng ma? Wǒ mǎshàng jiù huí lái.
네가 나를 2분만 더 기다려 줄 수 있겠니? 내가 바로 돌아올게.

* 马上 mǎshàng 곧, 즉시

보카활용포인트

年(년) > 月(월) > 日 [=号] (일) > 点(시) > 分钟(분) > 秒 miǎo (초)

刻
kè

(양사) 15분 **(동)** 새기다

现在是三点钟，离上课还有一刻钟。
Xiànzài shì sān diǎnzhōng, lí shàng kè háiyǒu yí kè zhōng.
지금은 3시인데, 수업시간까지 아직 15분이 남았다.

* 离 lí (어떤 시간)까지 / (어떤 장소)에서
* 上课 shàng kè 수업하다

孩子把名字刻在了树上。
Háizi bǎ míngzi kèzài le shù shàng.
아이가 이름을 나무에다 새겼다.

보카활용포인트

'一刻'는 '十五分钟 (15분)'을 말하고, '三刻'는 '四十五分钟 (45분)'을 말합니다. 그러나 30분은 '半 bàn'라는 말이 있기 때문에 '两刻'라고 쓰지 않습니다.
: 一刻 [= 十五分钟] (15분) 〈半个小时 (30분) 〈 三刻 [= 四十五分钟] (45분)

94

差
chà

(동) 부족하다, 모자라다 (형) 나쁘다, 좋지 않다

两点开始上课，现在差五分钟两点了。
Liǎng diǎn kāishǐ shàng kè, xiànzài chà wǔ fēnzhōng liǎng diǎn le.

2시에 수업을 시작하는데 지금은 5분 전 두 시이다.

这家饭馆的服务态度、卫生条件太
Zhè jiā fànguǎn de fúwù tàidù、wèishēng tiáojiàn tài

差了。
chà le.

이 음식점의 서비스 태도와 위생 환경은 너무 나쁘다.

* 态度 tàidù 태도
* 条件 tiáojiàn 조건

> **보카 활용포인트**
>
> '差'는 '부족하다, 모자라다'는 뜻으로 시간을 계산할 때 쓰는 경우 '~전'을 의미합니다.
>
> : 差十分钟六点 10분 전 6시 / 差一刻八点 15분전 8시

(1) 물건 구매

물건 구매

☐ 买 mǎi 사다	☐ 换 huàn 바꾸다
☐ 卖 mài 팔다	

买
mǎi

(동) (물건 등을) 사다

我 给 男 朋 友 买 一 本 书。
Wǒ gěi nán péngyou mǎi yì běn shū.
나는 남자 친구에게 책 한 권을 사주었다.

他 每 个 周 末 都 要 去 超 市 买 东 西。
Tā měi ge zhōumò dōu yào qù chāoshì mǎi dōngxi.
그는 주말마다 수퍼마켓에 물건을 사러 가야 한다.

卖
mài

(동) 팔다

老 板, 你 的 苹 果 怎 么 卖?
Lǎobǎn, nǐ de píngguǒ zěnme mài?
사장님, 사과 어떻게 파세요?

4 块 钱 一 斤。
Sì kuài qián yì jīn.
한 근에 4위안이에요.

换
huàn

(동) 교환하다, 바꾸다

我 想 要 换 件 大 一 点 的 衣 服。
Wǒ xiǎng yào huàn jiàn dà yìdiǎn de yīfu.
나는 약간 큰 옷으로 바꾸고 싶다.

我 想 和 你 换 一 下 座 位, 可 以 吗?
Wǒ xiǎng hé nǐ huàn yíxià zuòwèi, kěyǐ ma?
저는 당신과 자리를 좀 바꾸고 싶은데 그럴 수 있을까요?

* 座位 zuòwèi 좌석, 자리

화폐단위와 물건 값

□ 钱 qián 돈		□ 贵 guì (값이) 비싸다	
□ 元 yuán (중국의 화폐단위) 위안		□ 便宜 piányi (값이) 싸다	
□ 块 kuài (중국의 화폐단위) 위안		□ 花 huā (돈을) 쓰다	
		□ 找 zhǎo (돈을) 거슬러 주다	

钱
qián

(명) 돈

我钱包里没那么多钱。
Wǒ qiánbāo li méi nàme duō qián.
제 지갑에 그렇게 많은 돈은 없어요.

元
yuán

(양) 위안, 중국의 화폐단위

我花了500元买这些食物。
Wǒ huā le wǔ bǎi yuán mǎi zhè xiē shíwù.
나는 500위안을 들여서 이 음식들을 샀다.

* 花 huā (동) 소비하다, 쓰다, 들(이)다 / (명) 꽃
* 食物 shíwù 음식(물)

块
kuài

(양) ① 위안, 중국의 화폐단위 ② 조각, 덩어리

我花了五块钱买了一本书。
Wǒ huā le wǔ kuài qián mǎi le yì běn shū.
나는 5위안을 내고 책을 한 권 샀다.

他给了我一块很甜的巧克力。
Tā gěi le wǒ yí kuài hěn tián de qiǎokèlì.
그는 나에게 달콤한 초콜릿 한 조각을 주었다.

* 巧克力 qiǎokèlì 초콜릿

> **보카 활용 포인트**
> (1) '块'는 돈을 세는 단위로 쓰이는 경우 '元'과 동의어이며 구어에 쓰입니다.
> (2) '块'는 덩어리 또는 조각 모양의 물건을 세는 단위로도 쓰입니다.
> : 一块(手表 shǒubiǎo 손목시계 하나 / 面包 miànbāo 빵 한 조각
> / 蛋糕 dàngāo 케이크 한 조각 / 肉 ròu 고기 한 덩어리)

贵
guì

(형) (값이) 비싸다

这双鞋太贵了，我不想买了。
Zhè shuāng xié tài guì le, wǒ bù xiǎng mǎi le.
이 신발은 너무 비싸서 나는 사고 싶지 않다.

现在电脑的价格很贵，你以后再买吧。
Xiànzài diànnǎo de jiàgé hěn guì, nǐ yǐhòu zài mǎi ba.
지금 컴퓨터 가격이 너무 비싸니까 너는 나중에 사렴.

便宜
piányi

(형) (값이) 싸다

这件衣服是我在超市买的，又便宜又
Zhè jiàn yīfu shì wǒ zài chāoshì mǎi de, yòu piányi yòu
实用。
shíyòng.
이 옷은 내가 마트에서 산 것인데 값이 싸면서도 실용적이다.

花
huā

(동) (돈을) 쓰다 (명) 꽃

这朵花儿真漂亮啊！
Zhè duǒ huār zhēn piàoliang a!
이 꽃은 정말 예쁘구나!

这个月我花了很多钱买东西。
Zhè ge yuè wǒ huā le hěn duō qián mǎi dōngxi.
이번 달에 나는 물건을 사느라 돈을 많이 썼다.

找
zhǎo

(동) ① (돈을) 거슬러주다 ② 찾다

我给了你100元，你应该找给我80元。
Wǒ gěi le nǐ yìbǎi yuán, nǐ yīnggāi zhǎogěi wǒ bāshí yuán.
제가 100위안을 드렸으니 당신은 저한테 80위안을 거슬러 주셔야죠.

* 应该 ~해야 한다, ~하는 것이 마땅하다

整个房间我都找过了，还是没有找到
Zhěngge fángjiān wǒ dōu zhǎoguo le, háishi méiyǒu zhǎodào
我的钱包。
wǒ de qiánbāo.
내가 온 방을 다 찾아보았지만 아직도 내 지갑을 찾지 못했다.

* 整个 zhěngge 전체(의), 온통(의), 전부(의)

(2) 의복

의복 종류

☐ 衣服	yīfu	옷		☐ 鞋	xié	신발	
☐ 裤子	kùzi	바지		☐ 帽子	màozi	모자	
☐ 裙子	qúnzi	치마					
☐ 衬衫	chènshān	셔츠					

衣服
yīfu

(명)옷

这件衣服有些脏了，我帮你洗一洗。
Zhè jiàn yīfu yǒu xiē zāng le, wǒ bāng nǐ xǐyixǐ.
이 옷이 약간 더러우니 내가 대신 좀 빨아줄게.

* 脏 zāng 더럽다

裤子
kùzi

(명) 바지

这条裤子对我来说很合适。
Zhè tiáo kùzi duì wǒ lái shuō hěn héshì.
이 바지는 나한테 아주 잘 맞는다.

* 合适 héshì 적당(적합)하다, 맞다, 어울리다

这家服装店的裤子种类很多。
Zhè jiā fúzhuāngdiàn de kùzi zhǒnglèi hěn duō.
이 옷 가게의 바지 종류는 매우 많다.

* 服装店 fúzhuāngdiàn 의류상점, 옷가게
* 种类 zhǒnglèi 종류

裙子
qúnzi

(명)치마

女孩儿夏天都喜欢穿裙子。
Nǚhár xiàtiān dōu xǐhuan chuān qúnzi.
여자 아이들은 여름에 치마 입는 것을 좋아한다.

这条裙子太短了，还是换长一点的吧。
Zhè tiáo qúnzi tài duǎn le, háishi huàn cháng yìdiǎn de ba.
이 치마는 너무 짧으니 아무래도 좀 긴 것으로 바꾸는 것이 좋겠다.

衬衫
chènshān

(명) 셔츠

我想买一件衬衫, 送给爸爸做生日
Wǒ xiǎng mǎi yí jiàn chènshān, sòng gěi bàba zuò shēngrì

礼物。
lǐwù.
나는 셔츠를 한 벌 사서 아버지께 생신 선물로 드리고 싶다.

明天是第一天去公司上班, 我穿这件
Míngtiān shì dìyītiān qù gōngsī shàng bān, wǒ chuān zhè jiàn

衬衫怎么样?
chènshān zěnmeyàng?
저는 내일 회사에 첫 출근하는데 이 와이셔츠를 입는 것이 어떨까요?

鞋
xié

(명) 신발

我穿38号的鞋, 37号有点小。
Wǒ chuān sānshíbā hào de xié, sānshíqī hào yǒudiǎn xiǎo.
나는 38사이즈 신발을 신어요, 37호는 약간 작습니다.

这双鞋是妹妹去日本旅行的时候买的。
Zhè shuāng xié shì mèimei qù Rìběn lǚxíng de shíhou mǎi de.
이 신발은 여동생이 일본에 여행을 갔을 때 산 것이다.

帽子
màozi

(명) 모자

爷爷喜欢戴帽子。
Yéye xǐhuan dài màozi.
할아버지께서는 모자 쓰는 것을 좋아하신다.

这些帽子都不错, 你选一个吧。
Zhè xiē màozi dōu búcuò, nǐ xuǎn yí ge ba.
이 모자들은 다 괜찮으니 네가 하나 골라보렴.

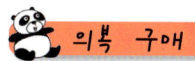 의복 구매

☐ 号	hào	사이즈	☐ 新	xīn	새롭다
☐ 戴	dài	쓰다, 착용하다	☐ 拿	ná	잡다, 쥐다
☐ 穿	chuān	(옷을) 입다	☐ 有	yǒu	있다
			☐ 干净	gānjìng	깨끗하다

号
hào

(명) ① 일, 날짜 ② (옷이나 신발 등의) 사이즈

我下个月五号要出国了。
Wǒ xià ge yuè wǔ hào yào chū guó le.
나는 다음달 5일에 출국하려고 합니다.

我们商店的衣服有大号、中号、小号。
Wǒmen shāngdiàn de yīfu yǒu dàhào、zhōnghào、xiǎohào.
우리 상점의 옷은 큰 사이즈, 중간 사이즈, 작은 사이즈가 있습니다.

戴
dài

(동) 쓰다, 착용하다

冬天天气很冷，出门一定要戴手套。
Dōngtiān tiānqì hěn lěng, chū mén yídìng yào dài shǒutào.
겨울은 날씨가 매우 추워서 외출할 때 반드시 장갑을 껴야 한다.

* 出门 chūmén 외출하다
* 手套 shǒutào 장갑

他戴着一顶白色的帽子，还戴着一副
Tā dàizhe yì dǐng báisè de màozi, hái dàizhe yí fù

眼镜。
yǎnjìng.
그는 흰 모자를 쓰고 있고, 안경도 쓰고 있다.

보카 활용포인트

'戴'는 '머리, 얼굴, 가슴, 팔, 손 등에 쓰다, 착용하다'는 뜻으로 쓰입니다.
: 戴 (帽子 모자 / 眼镜 안경 / 手套 장갑 / 手表 시계를 차다......)

穿
chuān

(동) ① (옷을) 입다 ② (신발을) 신다

他穿了一套西服和一双鞋。
Tā chuān le yí tào xīfú hé yì shuāng xié.
그는 양복을 입고, 신발을 신었다.

* 西服 xīfú 양복

穿黑色的裙子不好看，你还是穿白色
Chuān hēisè de qúnzi bù hǎokàn, nǐ háishi chuān báisè

的裙子吧。
de qúnzi ba.

검은 색 치마를 입으면 안 예쁘니까 아무래도 흰 치마를 입는 게 낫겠어요.

新
xīn

(형) 새롭다

这本是我新买的书，还没有看呢。
Zhè běn shì wǒ xīn mǎi de shū, hái méiyǒu kàn ne.

이 책은 내가 새로 구입한 책인데 아직 보지 않았다.

这是我店里新来的服装，你看看有没有
Zhè shì wǒ diàn lǐ xīn lái de fúzhuāng, nǐ kànkan yǒuméiyǒu

你喜欢的?
nǐ xǐhuan de?

이것은 저희 상점에 새로 들어온 옷인데, 마음에 드는 게 있는지 한 번 보시겠어요?

拿
ná

(동) (손으로) 잡다, 쥐다, 들다

你把书拿来了吗? 我要看这本书。
Nǐ bǎ shū ná lái le ma? Wǒ yào kàn zhè běn shū.

나는 이 책을 봐야 되는데, 너는 책을 가지고 왔니?

明天六点的火车，你别忘了拿车票。
Míngtiān liù diǎn de huǒchē, nǐ bié wàng le ná chēpiào.

내일 6시 기차니까 너는 기차표 가지고 가는 거 잊지 마라.

有
yǒu

(동) 있다

我有一个哥哥、两个弟弟。
Wǒ yǒu yí ge gēge、liǎng ge dìdi.

나는 오빠 한 명과 남동생 두 명이 있다.

你有什么事情需要帮忙吗?
Nǐ yǒu shénme shìqíng xūyào bāng máng ma?

제가 도와드릴 일이 있나요?

干净
gānjìng

(형) 깨끗하다, 깔끔하다

妈妈把水果洗干净了。
Māma bǎ shuǐguǒ xǐ gānjìng le.
엄마께서 과일을 깨끗하게 씻으셨다.

* 水果 shuǐguǒ 과일

这家商店的卫生不错，看起来很干净。
Zhè jiā shāngdiàn de wèishēng búcuò, kànqǐlái hěn gānjìng.
이 상점의 위생은 괜찮아서 보기에 깨끗하다.

* 卫生 wèishēng 위생
* 看起来 kànqǐlái 보기에, 보아하니

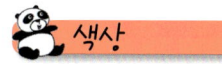
색상

□ 颜色 yánsè 색(깔)			□ 蓝 lán	남색(의)	
□ 白 bái 희다, 하얗다			□ 绿 lǜ	푸르다	
□ 黑 hēi 검다			□ 黄 huáng	노랗다	
□ 红 hóng 붉다					

颜色
yánsè

(명) 색(깔), 색(채)

这件衣服很好看，只是颜色有点浅。
Zhè jiàn yīfu hěn hǎokàn, zhǐ shì yánsè yǒudiǎn qiǎn.
이 옷은 예쁘지만 색이 조금 흐리다.

* 浅 qiǎn (깊이가) 얕다 / (색이) 흐리다

你喜欢哪种颜色？白色？红色？还是
Nǐ xǐhuan nǎ zhǒng yánsè? Báisè? Hóngsè? Háishi
绿色？
lǜsè?
당신은 어떤 색을 좋아합니까? 흰 색? 빨간 색? 아니면 녹색?

白
bái

(명) 흰색, 백색　**(형)** 희다, 하얗다

这件衣服是白色的，你小心点儿别
Zhè jiàn yīfu shì báisè de, nǐ xiǎoxīn diǎr bié

弄脏了。
nòngzāng le.

이 옷은 하얀 색이니까 당신은 더럽히지 않도록 조심하세요.

* 弄脏 nòngzāng 더럽히다

黑
hēi

(명) 검정색
(형) ① 검다, 까맣다　② 어둡다, 어두컴컴하다

这双皮鞋是黑色的，擦得很亮。
Zhè shuāng píxié shì hēisè de, cā de hěn liàng.

이 가죽신발은 검은색이고 반짝반짝하게 닦았다.

* 擦 cā 닦다
* 亮 liàng 밝다, 빛나다, 반들반들하다

天黑了，咱们赶快回家吧！
Tiān hēi le, zánmen gǎnkuài huí jiā ba!

날이 어두워졌으니 우리 서둘러 집으로 돌아갑시다!

* 赶快 gǎnkuài 황급히, 재빨리

红
hóng

(명) 붉은색　**(형)** 붉다, 빨갛다

中国人喜欢红色，红色代表着幸福。
Zhōngguórén xǐhuan hóngsè, hóngsè dàibiǎo zhe xìngfú.

중국인들은 붉은 색을 좋아하는데 붉은 색은 행복을 나타낸다.

* 代表 dàibiǎo 대표(하다), 대신하다

蓝
lán

(명/형) 남색(의)

天空是蓝色的，还有几朵白云。
Tiānkōng shì lánsè de, háiyǒu jǐ duǒ báiyún.

하늘은 파랗고 흰 구름이 약간 있다.

* 朵 duǒ 구름을 나타내는 단위

绿
lǜ

(명) 초록색, 풀색 (형) 푸르다

春天小草变绿了，花也开了。
Chūntiān xiǎocǎo biàn lǜ le, huā yě kāi le.
봄에 잔디가 초록색으로 변했고, 꽃도 피었다.

黄
huáng

(명) 황색, 노란색 (형) 노랗다, 누렇다

秋天的时候，树叶从绿色变成了黄色。
Qiūtiān de shíhou, shùyè cóng lǜsè biànchéng le huángsè.
가을에 나뭇잎이 녹색에서 노랗게 변했다.

* 树叶 shùyè 나뭇잎
* 变成 biànchéng ～(으)로 변하다, ～(으)로 되다

여가와 취미생활

(1) 여가와 취미

여가와 취미

☐	休息	xiūxi	쉬다	☐	体育	tǐyù	체육
☐	爱好	àihào	취미	☐	运动	yùndòng	운동
☐	兴趣	xìngqù	흥미	☐	跳舞	tiào wǔ	춤을 추다
☐	音乐	yīnyuè	음악	☐	唱歌	chàng gē	노래하다
☐	电影	diànyǐng	영화	☐	表演	biǎoyǎn	공연(하다)
☐	游戏	yóuxì	게임	☐	画	huà	(그림을) 그리다

休息
xiūxi

(동) 쉬다, 휴식하다

到饭店后, 您先休息一下。
Dào fàndiàn hòu, nín xiān xiūxi yíxià.
호텔에 도착하고 나서 우선 좀 쉬세요.

* 一下 yíxià (동사 뒤에 쓰여) 시험 삼아 해 보다, 좀 ~하다

明天有考试, 你今晚要好好儿休息。
Míngtiān yǒu kǎoshì, nǐ jīnwǎn yào hǎohār xiūxi.
내일 시험이 있으니 너는 오늘 저녁에 푹 쉬어야 한다.

* 好好儿 hǎohār 잘, 마음껏, 푹, 충분히

보카 활용포인트
'休息'는 자동사입니다. 자동사(不及物动词)란 형용사처럼 뒤에 목적어 없이 혼자 서술어로 쓰이는 동사를 말합니다.

爱好
àihào

(명) 취미

我的爱好是看书, 他的爱好是运动。
Wǒ de àihào shì kàn shū, tā de àihào shì yùndòng.
내 취미는 독서이고 그의 취미는 운동이다.

我有很多爱好，比如，看电影、
Wǒ yǒu hěn duō àihào, bǐrú, kàn diànyǐng、

听音乐、交朋友。
tīng yīnyuè、jiāo péngyou.
나는 취미가 많이 있는데 예를 들면 영화 보기, 음악 듣기, 친구 사귀기이다.

* 交 jiāo 사귀다, 교제하다
* 比如 bǐrú 예컨대, 가령, 비유한다면

兴趣
xìngqù

(명) 흥미, 관심

最近我对小说很感兴趣，一连买了好
Zuìjìn wǒ duì xiǎoshuō hěn gǎn xìngqù, yìlián mǎi le hǎo

几本小说。
jǐ běn xiǎoshuō.
요즘 나는 소설에 대해 매우 흥미를 느껴서 계속해서 소설책을 여러 권 샀다.

* 一连 yìlián 연이어, 계속해서, 잇따라
* 好 + 수량(사): 수량이 많음을 나타냄

我对中国很有兴趣，希望有机会到
Wǒ duì Zhōngguó hěn yǒu xìngqù, xīwàng yǒu jīhuì dào

中国旅游。
Zhōngguó lǚyóu.
나는 중국에 대해 관심이 있어서 중국에 여행 갈 기회가 있기를 바란다.

* 机会 jīhuì 기회

> **보카 활용포인트**
> '兴趣'는 보통 동사서술어 '感, 有, 产生'과 함께 쓰이는 경우가 많으며, 전치사 '对'와 함께 씁니다.
> : 我对汉语(感 느끼다 / 有 있다 / 产生 chǎnshēng 생기다) 兴趣.

音乐
yīnyuè

(명) 음악

我们的音乐老师唱歌很好听。
Wǒmen de yīnyuè lǎoshī chàng gē hěn hǎotīng.
우리 음악 선생님은 노래를 아주 잘 부르신다.

我的手机里面有很多好听的音乐。
Wǒ de shǒujī lǐmiàn yǒu hěn duō hǎotīng de yīnyuè.
내 핸드폰에는 좋은 음악이 많이 있다.

* 好听 hǎotīng (말 또는 소리가) 듣기 좋다

电影
diànyǐng

(명) 영화

我和朋友约好一起看电影。
Wǒ hé péngyou yuēhǎo yìqǐ kàn diànyǐng.
나와 친구는 같이 영화를 보기로 약속했다.

最近有很多新电影，我们有时间去看
Zuìjìn yǒu hěn duō xīn diànyǐng, wǒmen yǒu shíjiān qù kàn

电影吧。
diànyǐng ba.
요즘 새로운 영화가 많이 있으니까 우리 시간 있으면 보러 가요.

游戏
yóuxì

(명) 오락, 게임　**(동)** 놀다, 장난치다

孩子用电脑玩了很长时间的游戏。
Háizi yòng diànnǎo wán le hěn cháng shíjiān de yóuxì.
아이가 컴퓨터로 오랫동안 게임을 했다.

朋友们正在操场里做游戏。
péngyou men zhèng zài cāochǎng li zuò yóuxì.
친구들은 지금 운동장에서 놀고 있다.

* 正 zhèng 지금(때마침) ~하고 있는 중이다 [= 正在]

体育
tǐyù

(명) 체육, 스포츠

我最喜欢上体育课。
Wǒ zuì xǐhuan shàng tǐyù kè.
나는 체육 수업을 가장 좋아한다.

足球是世界人民都喜欢的体育运动。
Zúqiú shì shìjiè rénmín dōu xǐhuan de tǐyù yùndòng.
축구는 세계인이 모두 좋아하는 스포츠이다.

运动
yùndòng

(명) 운동, 스포츠

我们很长时间没运动了。
Wǒmen hěn cháng shíjiān méi yùndòng le.
우리는 오랫동안 운동을 하지 않았다.

他平时做很多运动，看起来很健康。
Tā píngshí zuò hěn duō yùndòng, kàn qǐ lái hěn jiànkāng.
그는 평소에 운동을 많이 해서 건강해 보인다.

* 平时 píngshí 평소, 여느 때, 보통 때

跳舞
tiào wǔ

(동) 춤을 추다

他喜欢唱歌跳舞，是一个很快乐的人。
Tā xǐhuan chàng gē tiào wǔ, shì yí ge hěn kuàilè de rén.
그는 노래 부르고 춤추는 것을 좋아하는 유쾌한 사람이다.

* 快乐 kuàilè 즐겁다, 유쾌하다

她跳舞跳得很好，参加了很多次比赛。
Tā tiào wǔ tiào de hěn hǎo, cānjiā le hěn duō cì bǐsài.
그녀는 춤을 잘 추어서 여러 번 대회에 참가했다.

* 参加 cānjiā 참가하다

唱歌
chàng gē

(동) 노래하다

我参加了唱歌比赛，得了第一名。
Wǒ cānjiā le chàng gē bǐsài, dé le dìyīmíng.
나는 노래 경연에 참가해서 1등을 했다.

她是一名歌唱家，唱歌唱得很好。
Tā shì yì míng gēchàngjiā, chàng gē chàng de hěn hǎo.
그녀는 가수인데 노래를 아주 잘한다.

表演
biǎoyǎn

(동/명) 공연(하다), 상연(하다), 연기(하다)

我们在剧院看了杂技表演。
Wǒmen zài jùyuàn kàn le zájì biǎoyǎn.
우리는 극장에서 서커스공연을 보았다.

* 剧院 jùyuàn 극장
* 杂技 zájì 서커스, 곡예단

他在台上表演得真好, 我们都被
Tā zài táishàng biǎoyǎn de zhēn hǎo, wǒmen dōu bèi

感动了。
gǎndòng le.

그가 무대에서 연기를 정말 잘해서 우리는 모두 감동받았다.

* 感动 gǎndòng 감동하다

画
huà

(동) (그림을) 그리다　(명) 그림

孩子在墙上画了画。
Háizi zài qiáng shàng huà le huà.

아이는 벽에 그림을 그렸다.

我画了一张人物画, 送给我的朋友。
Wǒ huà le yì zhāng rénwùhuà, sònggěi wǒ de péngyou.

나는 인물화 한 장을 그려서 내 친구에게 선물했다.

> **보카 활용포인트**
> (1) '画画儿(그림을 그리다)'은 '画(그리다)+画(그림)'으로 나뉠 수 있는데, 이렇게 동사와 목적어로 나뉠 수 있는 동사를 '이합동사(离合动词)'라고 합니다. 아래의 동사들은 모두 이합동사에 속합니다.
> : 爬(오르다)+山(산) / 跳(뛰다, 추다)+舞(춤) / 唱(부르다)+歌(노래) / 跑(달리다, 걷다)+步(걸음) / 踢(차다)+足球(축구공)
> (2) 서술어가 이합동사이고, 동작의 완성을 나타내는 '了 le (~했다)'가 있는 경우 了는 동사 뒤에 써야 합니다.
> : 画了画 그림을 그렸다 / 爬了山 등산을 했다 / 唱了歌 노래를 불렀다

(2) 운동

운동 종류

☐ 打	dǎ	(놀이, 운동을) 하다	☐ 跑步	pǎo bù	달리다, 구보를 하다
☐ 锻炼	duànliàn	단련하다	☐ 爬山	pá shān	등산하다
☐ 比赛	bǐsài	시합(하다)	☐ 打篮球	dǎ lánqiú	농구하다
☐ 游泳	yóuyǒng	수영하다	☐ 踢足球	tī zúqiú	축구를 하다

打
dǎ

(동) (놀이, 운동을) 하다

他喜欢打排球, 经常和朋友一起打。
Tā xǐhuan dǎ páiqiú, jīngcháng hé péngyou yìqǐ dǎ.
그는 배구하는 것을 좋아해서 자주 친구와 함께 배구를 한다.

* 排球 páiqiú 배구

今天下午你有时间吗? 我们一起打
Jīntiān xiàwǔ nǐ yǒu shíjiān ma? Wǒmen yìqǐ dǎ

羽毛球吧。
yǔmáoqiú ba.
오늘 오후에 시간이 있니? 우리 같이 배드민턴 치자.

* 羽毛球 yǔmáoqiú 배드민턴

> **보카 활용포인트**
> '打'는 '치다, 두드리다'는 뜻이므로 '구기 운동을 하다'는 뜻으로도 쓰입니다.
> : 打(排球 배구하다 / 篮球 lánqiú 농구하다 / 乒乓球 pīngpāngqiú
> 탁구를 치다 / 羽毛球 배드민턴을 치다 / 网球 wǎngqiú 테니스하다)

锻炼
duànliàn

(동) (몸과 마음을) 단련하다, 운동하다

经常锻炼身体对健康很有好处。
Jīngcháng duànliàn shēntǐ duì jiànkāng hěn yǒu hǎochu.
운동을 자주 하는 것은 건강에 아주 좋다.

* 好处 hǎochu 장점, 좋은 점

比赛
bǐsài

(동/명) 시합(하다)

足球比赛还有三分钟就结束了。
Zúqiú bǐsài háiyǒu sān fēnzhōng jiù jiéshù le.
축구 시합은 3분 후면 끝난다.

* 结束 jiéshù 끝나다, 마치다

今天晚上十点钟有足球比赛,
Jīntiān wǎnshang shí diǎnzhōng yǒu zúqiú bǐsài,

别忘了看!
bié wàngle kàn!
오늘 밤 10시에 축구 경기가 있으니까 잊지 말고 보세요!

游泳
yóuyǒng

(동) 수영하다

今天太热了，现在我想去游泳。
Jīntiān tài rè le, xiànzài wǒ xiǎng qù yóuyǒng.
오늘은 너무 더워서 나는 지금 수영을 하러가고 싶다.

孩子们在游泳池里游泳，玩得很开心。
Háizimen zài yóuyǒngchí li yóuyǒng, wán de hěn kāixīn.
아이들은 수영장에서 수영을 하면서 아주 재미있게 논다.

* 开心 kāixīn 기쁘다, 즐겁다, 유쾌하다, 재미있다

跑步
pǎo bù

(동) 달리다, 구보를 하다

我特别喜欢跑步。
Wǒ tèbié xǐhuan pǎo bù.
나는 달리기를 매우 좋아한다.

爷爷每天早上都去公园跑步。
Yéye měitiān zǎoshang dōu qù gōngyuán pǎo bù.
할아버지는 매일 아침 공원에 가서 달리기를 하신다.

爬山
pá shān

(동) 등산하다, 산에 오르다

爬山是一种很锻炼身体的活动。
Pá shān shì yì zhǒng hěn duànliàn shēntǐ de huódòng.
등산은 몸을 단련하는 활동이다.

北京的香山很美，我和家人常常一起
Běijīng deXiāngshān hěn měi, wǒ hé jiārén chángcháng yìqǐ

去爬山。
qù pá shān.
북경의 향산은 아름다워서 나와 가족들은 자주 함께 등산하러 간다.

* 家人 jiārén 가족, 한 집안 식구

打篮球
dǎ lánqiú

(동) 농구하다

你明天有空儿吗？我们一起打篮球
Nǐ míngtiān yǒu kòr ma? Wǒmen yìqǐ dǎ lánqiú

怎么样？
zěnmeyàng?
너 내일 시간 있니? 우리 같이 농구하는 거 어때?

好啊，那我们在篮球场见吧。
Hǎo a, nà wǒmen zài lánqiúchǎng jiàn ba.
좋아, 그럼 우리 농구장에서 만나자.

踢足球
tī zúqiú

(동) 축구를 하다

他们在操场里踢足球。
Tāmen zài cāochǎng li tī zúqiú.
그들은 운동장에서 축구를 한다.

* 操场 cāochǎng 운동장

我弟弟喜欢踢足球，不喜欢打篮球。
Wǒ dìdi xǐhuan tī zúqiú, bù xǐhuan dǎ lánqiú.
내 남동생은 축구하는 것을 좋아하고, 농구하는 것을 싫어한다.

(3) 여행

☐ 旅游 lǚyóu	여행하다		☐ 护照 hùzhào	여권
☐ 游览 yóulǎn	유람하다, 관광하다		☐ 地图 dìtú	지도
☐ 自由 zìyóu	자유(롭다)		☐ 照相机 zhàoxiàngjī	사진기
☐ 宾馆 bīnguǎn	호텔, 여관		☐ 照片 zhàopiàn	사진
☐ 行李箱 xínglixiāng	짐, 트렁크			

旅游
lǚyóu

(동) 여행하다, 관광하다

我们打算下个月去北京旅游。
Wǒmen dǎsuan xià ge yuè qù Běijīng lǚyóu.
우리는 다음 달에 북경으로 여행갈 예정이다.

夏天的时候，人们喜欢去海边旅游。
Xiàtiān de shíhou, rénmen xǐhuan qù hǎibiān lǚyóu.
여름에 사람들은 해변으로 여행가는 것을 좋아한다.

游览
yóulǎn

(동) 유람하다, 관광하다

我们约好明天去游览长城。
Wǒmen yuēhǎo míngtiān qù yóulǎn Chángchéng.
우리는 내일 만리장성에 놀러가기로 약속했다.

来到中国以后，我们游览了许多旅游
Láidào Zhōngguó yǐhòu, wǒmen yóulǎn le xǔduō lǚyóu

景点。
jǐngdiǎn.
중국에 오고 나서 우리는 관광 명소를 많이 관광했다.

* 许多 xǔduō 대단히 많다, 허다한
* 旅游景点 lǚyóu jǐngdiǎn 관광 명소

自由
zìyóu

(명/형) 자유(롭다)

想去哪里是我的自由。
Xiǎng qù nǎlǐ shì wǒ de zìyóu.
어디 가고 싶은지는 내 자유이다.

大家在家里很自由，想做什么就做什么。
Dàjiā zài jiāli hěn zìyóu, xiǎng zuò shénme jiù zuò shénme.
모두가 집 안에서는 매우 자유로워서 뭐든지 하고 싶은 대로 한다.

宾馆
bīnguǎn

(명) 호텔, (시설이 좋고 큰) 여관

来北京以后，她住在西郊宾馆。
Lái Běijīng yǐhòu, tā zhùzài Xījiāo bīnguǎn.
그녀는 북경에 오고 나서 시지아오 호텔에 묵었다.

我在宾馆门口等你，不要迟到啊。
Wǒ zài bīnguǎn ménkǒu děng nǐ, bú yào chídào a.
내가 호텔 입구에서 당신을 기다리고 있을 테니까 늦지 마세요.

* 迟到 chídào 지각하다

行李箱
xínglǐxiāng

(명) 짐, 트렁크

这个行李箱里有很多东西。
Zhè ge xínglǐxiāng li yǒu hěn duō dōngxi.
이 트렁크 안에는 물건이 많이 있다.

114

这个行李箱不是我的，不知道是谁的。
Zhè ge xínglixiāng búshì wǒ de, bù zhīdào shì shéi de.
이 짐은 제 것이 아닌데 누구 건지 모르겠어요.

护照
hùzhào

(명) 여권

他的护照过期了，需要办理延期。
Tā de hùzhào guò qī le, xūyào bànlǐ yánqī.
그의 여권은 기한이 지나서 연장 수속을 해야 한다.

* 过期 guò qī 기한을 넘기다, 기일이 지나다
* 办理 bànlǐ (수속을) 밟다, 처리하다, 취급하다

我现在在去机场的路上，忘记带护照了。
Wǒ xiànzài zài qù jīchǎng de lùshang, wàngjì dài hùzhào le.
나는 지금 공항 가는 길인데 여권 가져오는 것을 잊어버렸다.

地图
dìtú

(명) 지도

请给我一张北京地图。
Qǐng gěi wǒ yì zhāng Běijīng dìtú.
북경지도 한 장 주세요.

墙上挂着一张世界地图。
Qiáng shàng guàzhe yì zhāng shìjiè dìtú.
벽에는 세계지도 한 장이 걸려 있다.

* 挂 guà (못이나 고리 따위에) 걸다

照相机
zhàoxiàngjī

(명) 사진기, 카메라

我们用照相机拍了美丽的风景。
Wǒmen yòng zhàoxiàngjī pāi le měilì de fēngjǐng.
우리는 카메라로 아름다운 풍경을 찍었다.

* 拍 pāi (사진을) 찍다, 촬영하다
* 风景 fēngjǐng 풍경, 경치

这个照相机质量很好，我打算买一个。
Zhè ge zhàoxiàngjī zhìliàng hěn hǎo, wǒ dǎsuan mǎi yí ge.
이 카메라는 품질이 좋아서 나는 한대 사려고 한다.

* 质量 zhìliàng 품질

照片
zhàopiàn

(명) 사진

我在长城拍了很多照片。
Wǒ zài Chángchéng pāi le hěn duō zhàopiàn.
나는 만리장성에서 사진을 많이 찍었다.

照片上的女孩子就是年轻时的我。
Zhàopiàn shàng de nǚháizi jiùshì niánqīng shí de wǒ.
사진 속의 여자아이가 바로 젊었을 때의 나이다.

9 건강

(1) 질병

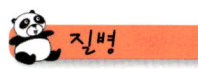 질병

☐ 感冒 gǎnmào 감기(에 걸리다)	☐ 发烧 fā shāo 열이 나다	
☐ 生病 shēng bìng 병이 나다		

感冒
gǎnmào

(명/동) 감기(에 걸리다)

你感冒越来越严重了，赶快去医院吧。
Nǐ gǎnmào yuèláiyuè yánzhòng le, gǎnkuài qù yīyuàn ba.
네 감기가 점점 심해지니 빨리 병원에 가자.

* 严重 yánzhòng (나쁜 일이 일어난 정도가) 심(각)하다

昨天晚上睡觉时，忘了关空调了，
Zuótiān wǎnshang shuì jiào shí, wàng le guān kōngtiáo le,

我突然感冒了。
wǒ tūrán gǎnmào le.
어제 저녁에 잘 때 에어컨 끄는 것을 깜빡해서 나는 갑자기 감기에 걸렸다.

* 空调 kōngtiáo 에어컨
* 突然 tūrán 갑자기, 돌연, 별안간

生病
shēng bìng

(동) 병이 나다

你生病了，应该多注意休息。
Nǐ shēng bìng le, yīnggāi duō zhùyì xiūxi.
너는 병이 났으니까 쉬는데 더 신경 써야 한다.

* 注意 zhùyì 주의하다, 조심하다

他每天工作到很晚，终于累得生病了。
Tā měitiān gōngzuò dào hěn wǎn, zhōngyú lèi de shēng bìng le.
그는 매일 늦게까지 일하다가 결국 힘들어서 병이 났다.

* 终于 zhōngyú 마침내, 결국

发烧
fā shāo

(동) 열이 나다

我头疼，好像发烧了。
Wǒ tóu téng, hǎoxiàng fā shāo le.
제가 머리가 아픈데 열이 나는 것 같아요.

她有点发烧，要吃退烧药。
Tā yǒudiǎn fā shāo, yào chī tuìshāoyào.
그녀는 열이 좀 나서 해열제를 먹어야 한다.

* 要 yào ～해야 한다 / ～하려고 하다
* 退烧药 tuìshāoyào 해열제

(2) 치료

치료·완쾌

□ 医生 yīshēng 의사	□ 作用 zuòyòng 작용, 영향, 효과
□ 药 yào 약	□ 健康 jiànkāng (몸이) 건강(하다)

医生
yīshēng

(명) 의사

医生给我做身体检查，结果没什么
Yīshēng gěi wǒ zuò shēntǐ jiǎnchá, jiéguǒ méi shénme

问题，很健康。
wèntí, hěn jiànkāng.
의사 선생님께서 나에게 건강검진을 해 주셨는데, 그 결과 별 문제없이 건강하다.

* 身体检查 shēntǐ jiǎnchá 신체검사, 건강검진
* 结果 jiéguǒ 결과
* 问题 wèntí 문제
* 健康 jiànkāng 건강(하다)

药
yào

(명) 약

这种药一天吃三次，每次两片。
Zhè zhǒng yào yì tiān chī sān cì, měi cì liǎng piàn.
이 약은 매일 3번, 한 번에 2알씩 먹는다.

生病以后，他吃了不少中药。
Shēng bìng yǐhòu, tā chī le bùshǎo zhōngyào.
병이 난 후 그는 한약을 많이 먹었다.

* 中药 zhōngyào 한약

作用
zuòyòng

(명) 작용, 역할, 효과, 영향

这种药没有什么作用。
Zhè zhǒng yào méi yǒu shénme zuòyòng.
이 약은 어떤 효과도 없다.

我觉得这本书对学习没有多大的作用。
Wǒ juéde zhè běn shū duì xuéxí méiyǒu duōdà de zuòyòng.
나는 이 책이 공부에 큰 역할을 하지 못한다고 생각한다.

健康
jiànkāng

(형) (몸이) 건강하다 **(명)** 건강

奶奶虽然年纪大了，但是还很健康。
Nǎinai suīrán niánjì dà le, dànshì hái hěn jiànkāng.
할머니는 연세가 많으시지만 아직도 매우 건강하시다.

* 年纪 niánjì (사람의) 나이, 연령
* 虽然 ~ 但是 … suīrán ~ dànshì … 비록 ~일지라도 그러나 …하다

为了让自己健康，她每天都花一个
Wèile ràng zìjǐ jiànkāng, tā měitiān dōu huā yí ge

小时去锻炼身体。
xiǎoshí qù duànliàn shēntǐ.
자신의 건강을 위해서 그녀는 매일 한 시간씩 운동을 하러 간다.

* 为了 wèile ~을 위해서

(1) 계절

🐼 계절

☐ **季节** jìjié 계절	☐ **秋** qiū 가을
☐ **春** chūn 봄	☐ **冬** dōng 겨울
☐ **夏** xià 여름	

季节
jìjié

(명) 계절

冬季是一年中最冷的季节。
Dōngjì shì yì nián zhōng zuì lěng de jìjié.
겨울은 일 년 중 가장 추운 계절이다.

一年有四个季节，我最喜欢春天这个
Yì nián yǒu sì ge jìjié, wǒ zuì xǐhuan chūn tiān zhè ge
季节。
jìjié.
일 년은 사계절인데 나는 봄, 이 계절을 가장 좋아한다.

春
chūn

(명) 봄

这里的春天经常下雨。
Zhèlǐ de chūntiān jīngcháng xià yǔ.
이곳은 봄에 자주 비가 온다.

春天的时候，花儿开得很美丽。
Chūntiān de shíhou, huār kāi de hěn měilì.
봄에 꽃은 아주 아름답게 핀다.

* 开花(儿) kāihuā(r) 꽃이 피다
* 美丽 měilì 아름답다, 미려하다

夏
xià

(명) 여름

这里的夏天非常热。
Zhèlǐ de xiàtiān fēicháng rè.
이곳의 여름은 매우 덥다.

韩国有春夏秋冬，四季分明。
Hánguó yǒu chūn xià qiū dōng, sì jì fēnmíng.
한국은 춘하추동이 있고, 사계절이 뚜렷하다.

秋
qiū

(명) 가을

秋天是收获的季节。
Qiūtiān shì shōuhuò de jìjié.
가을은 수확의 계절이다.

* 收获 shōuhuò 수확(하다), (농작물을) 거두어들이다

秋天来了，树叶变黄了。
Qiūtiān lái le, shùyè biànhuáng le.
가을이 되자 나뭇잎이 노랗게 되었다.

* 树叶 shùyè 나뭇잎

冬
dōng

(명) 겨울

今年冬天的雪特别大，天气也很冷。
Jīnnián dōngtiān de xuě tèbié dà, tiānqì yě hěn lěng.
올 겨울은 눈이 유달리 많이 내리고 날씨도 매우 춥다.

* 特别 tèbié 특히, 유달리, 아주
* 冷 lěng 춥다, 차다

一年有四个季节，春季、夏季、
Yìnián yǒu sì ge jìjié, chūnjì、xiàjì、

秋季、冬季。
qiūjì、dōngjì.
일 년은 봄, 여름, 가을, 겨울 사계절이 있다.

(2) 날씨

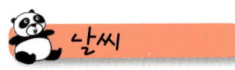
날씨

☐ 天气	tiānqì	날씨	☐ 刮风	guā fēng	바람이 불다
☐ 冷	lěng	(날씨가) 춥다	☐ 下雨	xià yǔ	비가 내리다
☐ 热	rè	(날씨가) 덥다	☐ 下雪	xià xuě	눈이 내리다
☐ 晴	qíng	(날씨가) 맑다	☐ 大	dà	(눈, 비가) 많이 내리다
☐ 阴	yīn	(날씨가) 흐리다			

天气
tiānqì

(명) 날씨, 일기

今天天气不太好，可能要下雨了。
Jīntiān tiānqì bútài hǎo, kěnéng yào xià yǔ le.
오늘 날씨가 별로 좋지 않은데 비가 올 것 같다.

* 可能 kěnéng 아마 (~일지도 모른다)

天气预报说明天是个好天气，我们
Tiānqì yùbào shuō míngtiān shì ge hǎo tiānqì, wǒmen

出去玩儿吧。
chūqu wár ba.
일기예보에서 내일은 날씨가 좋대요, 우리 놀러 나가요.

* 天气预报 tiānqì yùbào 일기예보

冷
lěng

(형) ① (날씨가) 춥다, 차다, 쌀쌀하다
② (주로 음식물을) 식히다, 차게 하다

外面的天气很冷，你出门时多穿点儿
Wàimiàn de tiānqì hěn lěng, nǐ chū mén shí duō chuān diǎr

衣服。
yīfu.
밖에 날씨가 매우 쌀쌀하니까 네가 외출할 때 옷을 좀 많이 입어라.

这个菜冷了就不好吃了。
Zhè ge cài lěng le jiù bù hǎochī le.
이 요리는 식으면 맛이 없다.

热
rè

(형) ① (날씨가) 덥다, 뜨겁다
　　② (주로 음식물을) 가열하다, 덥히다, 데우다

最近天气很热, 让人受不了。
Zuìjìn tiānqì hěn rè, ràng rén shòu bu liǎo.
요즘은 날씨가 너무 더워서 사람을 힘들게 한다.

* 受不了 hòubùliǎo 참을 수 없다, 견딜 수 없다, 배길 수 없다

咖啡太热了, 请等一会儿再喝。
Kāfēi tài rè le, qǐng děng yíhuìr zài hē.
커피가 너무 뜨거우니 좀 있다가 마셔요.

饭太凉了, 我们热一热饭再吃吧。
Fàn tài liáng le, wǒmen rè yi rè fàn zài chī ba.
밥이 너무 식었으니까 우리 밥을 좀 데워서 먹자.

晴
qíng

(형) (날씨가) 맑다, 개(어 있)다

你看天晴了, 太阳也出来了!
Nǐ kàn tiān qíng le, tàiyáng yě chū lái le!
날 갠 것 좀 봐, 볕도 들었네!

* 太阳 tàiyáng 태양, 해

今天天气真奇怪, 一会儿晴一会儿阴。
Jīntiān tiānqì zhēn qíguài, yíhuìr qíng yíhuìr yīn.
개였다 흐렸다 하는 게 오늘은 날씨가 정말 이상하다.

* 奇怪 qíguài 이상하다, 의아하다
* 一会儿 ~ 一会儿 … yíhuìr ~ yíhuìr … (잠깐 동안) ~했다가 (또 잠깐 동안)…하다 [2개의 반의어 앞에서 각각 쓰여서 2가지 상황이 바뀌어 나타나는 것을 나타냄]

阴
yīn

(형) (날씨가) 흐리다

天气预报说最近两天是阴天。
Tiānqì yùbào shuō zuìjìn liǎng tiān shì yīn tiān.
일기예보에서 요 며칠 흐리다고 했다.

天阴了, 我怕一会儿要下雨。
Tiān yīn le, wǒ pà yíhuìr yào xià yǔ.
날이 흐려져서 나는 조금 있다가 비가 올까봐 걱정이 된다.

刮风
guā fēng

(동) 바람이 불다

我不喜欢刮风的天气。
Wǒ bù xǐhuan guā fēng de tiānqì.
나는 바람 부는 날씨를 좋아하지 않는다.

外面正在刮风，马上就要下雨了。
Wàimiàn zhèngzài guā fēng, mǎshàng jiù yào xià yǔ le.
밖에 지금 바람이 부는데 곧 비가 내릴 것이다.

* 正在 zhèngzài 지금 ~하고 있는 중이다
* 就要 ~ 了 jiù yào ~ le 이머지않아, 곧 ~할 것이다

下雨
xiàyǔ

(동) 비가 내리다, 비가 오다

昨天晚上下雨了，早上雨停了。
Zuótiān wǎnshang xià yǔ le, zǎoshang yǔ tíng le.
어제 저녁에 비가 내렸는데 아침에 그쳤다.

* 停 tíng 멎다, 정지하다, 멈추다

下雨后，空气特别新鲜。
Xià yǔ hòu, kōngqì tèbié xīnxiān.
비가 오고 나서 공기가 아주 신선하다.

下雪
xià xuě

(동) 눈이 내리다

北京去年冬天下了很大的雪。
Běijīng qùnián dōngtiān xià le hěn dà de xuě.
북경은 작년 겨울에 폭설이 내렸다.

下雪了，我们出去堆雪人吧。
Xià xuě le, wǒmen chūqu duī xuěrén ba.
눈이 왔으니까 우리 나가서 눈사람을 만들자.

* 堆雪人 duī xuěrén 눈사람을 만들다

大
dà

(형) ① (눈, 비 등이) 많이 내리다 ② (바람이) 세다

现在雨下得很大。
Xiànzài yǔ xià de hěn dà.
지금 비가 아주 많이 내린다.

北京春天的风刮得很大，天气很干燥。
Běijīng chūntiān de fēng guā de hěn dà, tiānqì hěn gānzào.
북경은 봄에 바람이 세고, 날씨가 건조하다.

* 干燥 gānzào 건조하다

(1) 자연과 동물

자연

☐ 冰 bīng 얼음		☐ 云 yún	구름	
☐ 雪 xuě 눈		☐ 月亮 yuèliang	달	
☐ 水 shuǐ 물		☐ 太阳 tàiyáng	태양	

冰 bīng

(명) 얼음

请来一杯冰咖啡、两杯冰啤酒。
Qǐng lái yì bēi bīng kāfēi、liǎng bēi bīng píjiǔ.
아이스커피 한 잔과 시원한 맥주 두 잔 주세요.

冬天河里结冰了，孩子们在上面滑冰。
Dōngtiān hé li jiébīng le, háizimen zài shàngmian huá bīng.
겨울에 강이 얼어서 아이들은 그 위에서 스케이트를 탄다.

* 结冰 jiébīng 얼음이 얼다, 결빙하다

雪 xuě

(명) 눈

外面下了很大的雪，真美啊!
Wàimiàn xià le hěn dà de xuě, zhēn měi a!
바깥에 눈이 많이 내려서 정말 아름답군요!

这几天一直在下雪路很滑，走路要
Zhè jǐ tiān yìzhí zài xià xuě lù hěn huá, zǒu lù yào

小心啊。
xiǎoxin a.
요 며칠 눈이 계속 내리고 있어서 길이 미끄러우니 길을 갈 때에는 조심해야 한다.

* 滑 huá 미끄럽다, 반들반들하다

126

水
shuǐ

(명) 물

夏天，我们应该多喝点水。
Xiàtiān, wǒmen yīnggāi duō hē diǎn shuǐ.
여름에 우리는 물을 좀 많이 마셔야 한다.

人们生活离不开空气和水。
Rénmen shēnghuó lí bu kāi kōngqì hé shuǐ.
사람들이 생활하는데 공기와 물이 없어서는 안 된다.

＊ **离不开** lí bu kāi 떨어질 수 없다, 떨어지지 못하다

云
yún

(명) 구름

今天天气很好，万里无云。
Jīntiān tiānqì hěn hǎo, wàn lǐ wú yún.
오늘 날씨는 매우 좋아서 드넓은 하늘에 구름 한 점 없다.

＊ **万里无云** wàn lǐ wú yún 만리 창공에 구름 한 점 없다

今天天气好，天空很蓝，只有几朵云。
Jīntiān tiānqì hǎo, tiānkōng hěn lán, zhǐ yǒu jǐ duǒ yún.
오늘 날씨가 좋아서 파란 하늘에 구름 몇 조각만 있다.

＊ **蓝** lán 남빛(의), 남색(의), 푸른
＊ **朵** duǒ ～송이, ～점 [꽃이나 구름 따위를 세는 단위]

月亮
yuèliang

(명) 달

天黑了，月亮又出来了。
Tiān hēi le, yuèliang yòu chū lái le.
날이 어두워지자 달이 또 떴다.

中秋节的时候，月亮很大很圆。
Zhōngqiūjié de shíhou, yuèliang hěn dà hěn yuán.
추석 때 달은 아주 크고 둥글다.

＊ **中秋节** zhōngqiūjié 추석, 한가위, 중추절

太阳
tàiyáng

(명) 태양, 해

太阳从东边升起来了。
Tàiyáng cóng dōngbian shēng qǐ lái le.
태양이 동쪽에서 떠오르기 시작했다.

＊ **升** shēng 오르다, 올라가다, 떠오르다

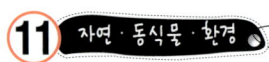
夏天太阳很大，出去一定要带太阳伞。
Xiàtiān tàiyáng hěn dà, chū qu yídìng yào dài tàiyángsǎn.
여름 햇볕은 아주 강하니까 외출할 때에는 반드시 양산을 가지고 가야
한다.

 동물

☐ 动物 dòngwù	동물	☐ 马 mǎ	말
☐ 猫 māo	고양이	☐ 鱼 yú	물고기
☐ 狗 gǒu	개	☐ 鸟 niǎo	새
☐ 熊猫 xióngmāo	판다		

动物
dòngwù

(명) 동물

我想去动物园看老虎和熊猫。
Wǒ xiǎng qù dòngwùyuán kàn lǎohǔ hé xióngmāo.
나는 동물원에 가서 호랑이와 판다를 보고 싶다.

* 老虎 lǎohǔ 호랑이

动物园里有很多动物，孩子们都喜欢
Dòngwùyuán li yǒu hěn duō dòngwù, háizimen dōu xǐhuan

去动物园玩儿。
qù dòngwùyuán wár.
동물원에는 많은 동물이 있어서 아이들은 모두 동물원에 놀러 가는 것
을 좋아한다.

猫
māo

(명) 고양이

猫是一种很爱干净的动物。
Māo shì yì zhǒng hěn ài gānjìng de dòngwù.
고양이는 깨끗한 것을 좋아하는 동물이다.

128

这只猫我已经养了五年了, 它非常
Zhè zhǐ māo wǒ yǐjing yǎng le wǔ nián le, tā fēicháng

听话。
tīng huà.

이 고양이를 나는 이미 5년 동안 기르고 있는데, 고양이는 아주 말을
잘 듣는다.

* 它 tā 그(것), 저(것) [사람 이외의 것을 가리키는 대명사임]

狗
gǒu

(명) 개

你看见我家的小狗了吗?
Nǐ kànjiàn wǒ jiā de xiǎogǒu le ma?
너 우리 집 강아지 봤니?

狗是忠诚的动物, 是人类的好朋友。
Gǒu shì zhōngchéng de dòngwù, shì rénlèi de hǎo péngyou.
개는 충직한 동물이며 인류의 좋은 친구이다.

* 忠诚 zhōngchéng 충성스럽다, 충실하다, 성실하다

熊猫
xióngmāo

(명) 판다

我觉得熊猫最可爱。
Wǒ juéde xióngmāo zuì kě'ài.
나는 판다가 제일 귀엽다고 생각한다.

* 可爱 kě'ài 사랑스럽다, 귀엽다

熊猫是我最喜欢的动物, 它太可爱了。
Xióngmāo shì wǒ zuì xǐhuan de dòngwù, tā tài kě'ài le.
판다는 내가 가장 좋아하는 동물인데, 너무 귀엽다.

马
mǎ

(명) 말

美丽的草原上, 有很多马和牛。
Měilì de cǎoyuán shàng, yǒu hěn duō mǎ hé niú.
아름다운 초원 위에 말과 소가 많이 있다.

周末有赛马比赛, 我们一起去看吧。
Zhōumò yǒu sàimǎ bǐsài, wǒmen yìqǐ qù kàn ba.
주말에 경마 시합이 있는데, 우리 같이 보러 가요.

鱼
yú

(명) 물고기

姐姐的水煮鱼做得很不错。
jiějie deShuǐzhǔyú zuò de hěn búcuò.
누나는 **水煮鱼**를 아주 잘 만든다.

* 水煮鱼 Shuǐzhǔyú '물에 끓인 생선'이란 뜻으로 생선을 기름에 끓여 낸 매콤한 사천요리를 말함

我养了四条红色的鱼和一条黑色的鱼。
Wǒ yǎng le sì tiáo hóngsè de yú hé yì tiáo hēisè de yú.
나는 붉은 물고기 네 마리와 검은 물고기 한 마리를 길렀다.

鸟
niǎo

(명) 새

这只小鸟受伤了，不能飞了。
Zhè zhǐ xiǎoniǎo shòu shāng le, bù néng fēi le.
이 새는 다쳐서 날 수가 없다.

鸟在空中飞了一会儿，坐在了一棵
Niǎo zài kōngzhōng fēi le yí huìr, zuòzài le yì kē

树上。
shù shàng.
새가 공중에서 잠깐 날았다가 나무 위에 앉았다.

* 空中 kōngzhōng 공중, 하늘, 상공

(2) 환경과 식물

 환경

☐ 环境 huánjìng	환경		☐ 地球 dìqiú	지구
☐ 安静 ānjìng	조용하다		☐ 河 hé	강
			☐ 花园 huāyuán	꽃밭, 정원

环境
huánjìng

(명) 환경

这儿的环境真好，有草地，有小鸟。
zhèr de huánjìng zhēn hǎo, yǒu cǎodì, yǒu xiǎoniǎo.
이곳의 환경은 정말 좋다. 잔디도 있고 작은 새도 있다.

大家应该爱护环境，不要随便扔垃圾。
Dàjiā yīnggāi àihù huánjìng, búyào suíbiàn rēng lājī.
모두 환경을 사랑하고 보호해야 하며, 함부로 쓰레기를 버리면 안
된다.

* 爱护 àihù 사랑하고 보호하다, 소중히 하다
* 扔 rēng 던지다
* 垃圾 lājī 쓰레기, 오물

安静
ānjìng

(형) 조용하다

屋子里没有人，很安静。
Wūzi li méiyǒu rén, hěn ānjìng.
방 안에 사람이 없어서 매우 조용하다.

姐姐非常安静，很少说话。
Jiějie fēicháng ānjìng, hěn shǎo shuō huà.
누나는 매우 조용해서 말을 자주 하지 않는다.

地球
dìqiú

(명) 지구

地球形状是圆的，颜色是蓝的。
Dìqiú xíngzhuàng shì yuán de, yánsè shì lán de.
지구의 생김새는 둥글며, 남색이다.

* 形状 xíngzhuàng 형상, 물체의 외관, 생김새, 겉모습

人们生活居住在地球上，应该爱护
Rénmen shēnghuó jūzhù zài dìqiú shàng, yīnggāi àihù

我们的地球。
wǒmen de dìqiú.
우리는 지구에서 생활하니까 당연히 우리의 지구를 사랑하고 보호해
야 한다.

* 居住 jūzhù 거주하다, 살다

河
hé

(명) 강

河里有很多小鱼、小虾。
Hé li yǒu hěn duō xiǎoyú、xiǎoxiā.
강에는 작은 물고기와 새우가 많이 있다.

那边有条河，河上面有个小桥。
Nàbian yǒu tiáo hé, hé shàngmian yǒu ge xiǎoqiáo.
그 쪽에 강이 있는데, 강 위에는 작은 다리가 하나 있다.

* 桥 qiáo 다리, 교량
* 条 tiáo 가늘고 길며 구부릴 수 있는 것을 세는 단위

花园
huāyuán

(명) 화원, 꽃밭, 정원

爷爷和奶奶吃完饭后，在花园里散步。
Yéye hé nǎinai chī wán fàn hòu, zài huāyuán li sàn bù.
할아버지와 할머니는 식사를 다 하고 나서 정원에서 산책을 하신다.

我们家的花园里有许多花开了。
Wǒmen jiā de huāyuán li yǒu xǔduō huā kāi le.
우리 집 정원에는 많은 꽃이 피었다.

🐼 식물

☐ 花 huā 꽃	☐ 开 kāi (꽃이) 피다
☐ 草 cǎo 풀	☐ 长 zhǎng 나다, 자라다
☐ 树 shù 나무	

花
huā

(명) 꽃

花盆里的花开了，花朵是红色的。
Huāpén li de huā kāi le, huāduǒ shì hóngsè de.
화분에 꽃이 피었는데 붉은 색 꽃이다.

* 花盆 huāpén 화분
* 花朵 huāduǒ 꽃(송이), 꽃봉오리

今天是情人节，他送给女朋友玫瑰花。
Jīntiān shì Qíngrénjié, tā sònggěi nǚ péngyou méigui huā.
오늘이 발렌타인데이라서 그는 여자 친구에게 장미꽃을 선물했다.

* 情人节 Qíngrénjié 발렌타인데이
* 送给 sònggěi (~에게 …을) 선물하다, 주다, 선사하다
* 玫瑰花 méigui huā 장미 꽃

草
cǎo

(명) 풀

羊和牛都喜欢吃草。
Yáng hé niú dōu xǐhuan chī cǎo.
양과 소는 풀 먹는 것을 좋아한다.

大家坐在草地上聊天儿。
Dàjiā zuòzài cǎodì shàng liáo tiār.
모두들 잔디밭에 앉아서 이야기를 나눈다.

树
shù

(명) 나무

我家门前种了两棵苹果树。
Wǒ jiā mén qián zhòng le liǎng kē píngguǒ shù.
우리 집 앞에 사과나무 두 그루를 심었다.

* 种 zhòng (모, 나무 따위를) 심다. (씨를) 뿌리다

今天的雪下得真大，树上、地上都白
Jīntiān de xuě xià de zhēn dà, shù shàng、dì shàng dōu bái
了，真漂亮。
le, zhēn piàoliang.
오늘 눈이 정말 많이 내려서 나무 위와 땅 위가 모두 새하얗고, 정말
아름답다.

开
kāi

(동) ① (꽃이) 피다 ② (닫힌 것을) 열다

这种花儿很奇怪，总是晚上开花。
Zhè zhǒng huār hěn qíguài, zǒngshì wǎnshang kāi huā.
이 꽃은 아주 특이한데, 항상 저녁에 꽃이 핀다.

窗户开了一会儿，房间里就凉快了。
Chuānghu kāi le yí huir, fángjiān lǐ jiù liángkuai le.
창문을 잠깐 열어 놓았더니 집 안이 곧 시원해 졌다.

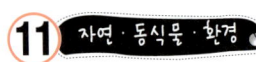

* 凉快 liángkuai 시원하다, 서늘하다, 선선하다

> **보카 활용포인트**
> (1) '开'는 '닫힌 것을 열다'는 뜻으로도 쓰이며, 반의어는 '关'입니다.
> : 开(门 mén 문 / 窗户 chuānghu 창문 / 抽屉 chōuti 서랍 / 箱子 xiāngzi 상자, 트렁크)
> (2) '차, 열차, 비행기 따위를 운전하다'는 뜻도 있습니다.
> : 开(车 / 汽车 qìchē) 차를 몰다, 운전하다
> 🔢 本次列车从上海开往北京。
> 　　이 열차는 상하이에서 베이징으로 향하는 열차이다.
> * 列车 lièchē 열차
> * 开往 kāiwǎng (차, 배 따위가) ~로 향하여 출발하다

长
zhǎng

(동) ① 나다, 생기다　② 성장하다, 자라다

这个孩子长得像妈妈，很漂亮。
Zhè ge háizi zhǎng de xiàng māma, hěn piàoliang.
이 아이는 엄마를 닮아서 아주 예쁘게 생겼다.

孩子长高了，衣服小了，应该买大点
Háizi zhǎng gāo le, yīfu xiǎo le, yīnggāi mǎi dà diǎn
的衣服。
de yīfu.
아이가 많이 자라서 옷이 작아졌으니 좀 더 큰 옷을 사야 한다.

> **보카 활용포인트**
> '长'을 '길다'는 뜻으로 쓰는 경우 cháng으로 발음하고, 반의어는 '短 duǎn'입니다.
> : 这条路很长。 이 길은 매우 길다.
> 🔢 我等了他很长时间。 나는 그를 한참동안 기다렸다.
> * 很长时间 hěn cháng shíjiān 한참 동안, 오랜 시간 동안, 오랫동안
> 　[동사 뒤에 쓰여 긴 시간을 나타내고, '半天'과 동의어임]

(1) 방향

☐ 东 dōng	동쪽		☐ 前面 qiánmiàn	앞
☐ 西 xī	서쪽		☐ 中间 zhōngjiān	가운데, 중간
☐ 南 nán	남쪽		☐ 后面 hòumiàn	뒤쪽
☐ 北方 běifāng	북쪽		☐ 旁边 pángbiān	옆쪽, 곁
☐ 右边 yòubiān	오른쪽		☐ 一边 yìbiān	한쪽, 옆
☐ 上 shàng	위		☐ 附近 fùjìn	부근, 근처
☐ 下 xià	아래			

东 dōng	**(명)** 동쪽 学校东边有个操场。 Xuéxiào dōngbian yǒu ge cāochǎng. 학교 동쪽에 운동장이 있다.
西 xī	**(명)** 서쪽 食堂在学校的西面。 Shítáng zài xuéxiào de xīmiàn. 식당은 학교의 서쪽에 있다.
南 nán	**(명)** 남쪽 我家在中国的南方。 Wǒ jiā zàiZhōngguó de nánfāng. 우리 집은 중국 남방이다.
北方 běifāng	**(명)** 북쪽 北京在中国的北方，是中国的首都。 Běijīng zài Zhōngguó de běifāng, shì Zhōngguó de shǒudū. 베이징은 중국의 북방에 있으며 중국의 수도이다.

* 首都 shǒudū 수도

右边
yòubiān

(명) 오른쪽, 우측

我坐在老师的右边, 小王坐在老师的
Wǒ zuò zài lǎoshī de yòubian,XiǎoWáng zuò zài lǎoshī de

左边。
zuǒbian.

나는 선생님의 오른쪽에 앉아 있고, 샤오왕은 선생님의 왼쪽에 앉아 있다.

* 左边 zuǒbian 왼쪽, 좌측

上
shàng

(명) 위

我把杯子放在桌子上。
Wǒ bǎ bēizi fàngzài zhuōzi shàng.

나는 컵을 책상 위에 두었다.

* 杯子 bēizi 컵

下
xia

(명) 아래

这本书放在柜子下面, 你自己找吧。
Zhè běn shū fàng zài guìzi xiàmiàn, nǐ zìjǐ zhǎo ba.

이 책은 캐비닛 아래 두었으니 네 스스로 찾아봐라.

* 柜子 guìzi 캐비닛

前面
qiánmiàn

(명) 앞

银行在学校的前面, 过马路就能看见。
Yínháng zài xuéxiào de qiánmiàn, guò mǎlù jiù néng kànjiàn.

은행은 학교 앞 쪽에 있어서 길을 건너면 볼 수 있다.

* 过 guò (한 장소에서 다른 장소로) 건너다, 가다
* 马路 mǎlù (도시, 근교의) 대로, 큰길, 한길

中间
zhōngjiān

(명) 가운데, 중간

中间这个穿裙子的人是我妻子。
Zhōngjiān zhè ge chuān qúnzi de rén shì wǒ qīzi.

중간에 치마를 입은 이 사람이 내 아내이다.

后面
hòumiàn

(명) 뒤쪽, 뒤(면)

停车场在超市的后面，地下一层。
Tíngchēchǎng zài chāoshì de hòumiàn, dì xià yī céng.
주차장은 슈퍼마켓의 뒤 쪽, 지하 1층에 있다.

* 停车场 tíngchēchǎng 주차장

旁边
pángbiān

(명) 옆, 곁, 측면

上课的时候，小李坐在我的旁边。
Shàng kè de shíhou, Xiǎolǐ zuò zài wǒ de pángbiān.
수업할 때 샤오리는 내 옆에 앉는다.

一边
yìbiān

(명) 한쪽, 한편, 한면

他坐在桌子的一边和我聊天。
Tā zuò zài zhuōzi de yìbiān hé wǒ liáotiān.
그는 테이블의 한 쪽에 앉아서 나와 이야기를 나눈다.

附近
fùjìn

(명) 부근, 근처

我家附近有一家新开业的洗衣店。
Wǒ jiā fùjìn yǒu yì jiā xīn kāiyè de xǐyīdiàn.
우리 집 근처에 새로 오픈한 세탁소가 있다.

* 开业 kāiyè 개업하다
* 洗衣店 xǐyīdiàn 세탁소

안팎

☐ 进 jìn	(바깥으로부터 안으로) 들다	☐ 里 lǐ	속, 안
☐ 出 chū	(안에서 밖으로) 나가다, 나오다	☐ 外 wài	밖, 바깥, 곁

进
jìn

(동) (바깥으로부터 안으로) 들다

下课以后，老师走进了办公室。
Xià kè yǐhòu, lǎoshī zǒujìn le bàngōngshì.
수업이 끝난 후에 선생님께서 사무실에 들어가셨다.

* 办公室　bàngōngshì　사무실

出 chū

(동) (안에서 밖으로) 나가다, 나오다

他从教室里出来，直接进了办公室。

Tā cóng jiàoshì li chūlái, zhíjiē jìn le bàngōngshì.

그는 교실에서 나와서 바로 사무실로 들어갔다.

* 直接　zhíjiē　직접적(인), 직접(의)

里 lǐ

(명) 속, 안

我的包里有笔记本、钱包。

Wǒ de bāo li yǒu bǐjìběn、qiánbāo.

내 가방 안에는 노트북과 지갑이 있다.

* 笔记本　bǐjìběn　노트북

外 wài

(명) 밖, 바깥, 겉

外面下雪了！你快来看一看。

Wàimiàn xià xuě le! Nǐ kuài lái kàn yi kàn.

밖에 눈이 와! 빨리 와서 좀 봐봐.

(2) 교통수단 관련

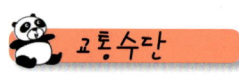
교통수단

☐ 自行车 zìxíngchē	자전거	☐ 火车 huǒchē	기차
☐ 公共汽车 gōnggòng qìchē	버스	☐ 飞机 fēijī	비행기
☐ 地铁 dìtiě	지하철	☐ 船 chuán	배
☐ 出租车 chūzūchē	택시		

自行车
zìxíngchē

(명) 자전거

我每天骑自行车上学。
Wǒ měitiān qí zìxíngchē shàng xué.
나는 매일 자전거를 타고 등교한다.

这辆自行车是小王的，不是我的。
Zhè liàng zìxíngchē shì XiǎoWáng de, bú shì wǒ de.
이 자전거는 샤오왕의 것이지 내 것이 아니다.

* 辆 liàng ~대 [자전거, 오토바이, 자동차와 같이 차량을 셀 때 쓰는 단위]

公共
gōnggòng
汽车
qìchē

(명) 버스

我每天坐公共汽车去学校。
Wǒ měitiān zuò gōnggòng qìchē qù xuéxiào.
나는 매일 버스를 타고 학교에 간다.

每天上下班时间公共汽车上的人很多。
Měitiān shàng xià bān shíjiān gōnggòng qìchē shàng de rén hěn duō.
매일 출퇴근 시간에는 버스에 탄 사람들이 매우 많다.

地铁
dìtiě

(명) 전철

搬家以后，我每天坐地铁上下班。
Bān jiā yǐhòu, wǒ měitiān zuò dìtiě shàng xià bān.
이사하고 나서 나는 매일 지하철을 타고 출퇴근을 한다.

* 搬家 bān jiā 이사하다, 집을 옮기다

我们先坐公共汽车，然后换地铁。
Wǒmen xiān zuò gōnggòng qìchē, ránhòu huàn dìtiě.
우리는 먼저 버스를 타고, 그 다음 지하철로 갈아탄다.

* 然后 ránhòu 그런 후에, 그 다음에

出租车
chūzūchē

(명) 택시

他们打算坐出租车去机场。
Tāmen dǎsuan zuò chūzūchē qù jīchǎng.
그들은 택시를 타고 공항에 가려고 한다.

* 打算 dǎsuan ~하려고 하다, ~할 작정이다, 계획하다

坐出租车的时候, 我把行李箱放在
Zuò chūzūchē de shíhou, wǒ bǎ xínglixiāng fàng zài

车箱里。
chēxiāng li.

택시를 탈 때 나는 여행 가방을 차 트렁크에 넣었다.

* 行李箱 xínglixiāng 여행용 가방
* 车箱 chēxiāng 차 트렁크

火车
huǒchē

(명) 기차

我买了两张去广州的火车票。
Wǒ mǎi le liǎng zhāng qù Guǎngzhōu de huǒchēpiào.

나는 광저우로 가는 기차표 2장을 샀다.

这趟火车是去上海的。
Zhè tàng huǒchē shì qù Shànghǎi de.

이 기차는 상하이로 가는 기차이다.

* 趟 tàng ~편, ~번 [기차와 같이 정기적인 교통수단의 운행 횟수를 세는 데 쓰임]

飞机
fēijī

(명) 비행기

飞机马上就要起飞了, 请大家系好
Fēijī mǎshàng jiùyào qǐfēi le, qǐng dàjiā jìhǎo

安全带。
ānquándài.

비행기가 곧 이륙하오니 모두 안전벨트를 매주시기 바랍니다.

* 马上 mǎshàng 곧, 바로 (~하려고 하다)
* 起飞 qǐfēi (비행기가) 이륙하다
* 系 jì 매다, 묶다
* 安全带 ānquándài 안전벨트

船
chuán

(명) 배

我们坐船去青岛旅游。
Wǒmen zuò chuán qù Qīngdǎo lǚyóu.

우리는 배를 타고 칭다오로 여행 간다.

周末我和朋友约好去公园划船。
Zhōumò wǒ hé péngyou yuēhǎo qù gōngyuán huáchuán.
주말에 나는 친구와 공원에 보트 타러 가기로 약속했다.

* 划船 huáchuán (노 따위로) 배를 젓다

교통수단 이용

□ 上 shàng	(차에) 올라타다	□ 票 piào	표
□ 坐 zuò	(자동차, 버스, 비행기를) 타다	□ 司机 sījī	운전사
□ 骑 qí	(동물, 자전거를) 타다	□ 站 zhàn	정거장
□ 开 kāi	(차량을) 운전하다	□ 火车站 huǒchēzhàn	기차역
□ 快 kuài	(속도가) 빠르다	□ 机场 jīchǎng	공항
□ 慢 màn	(속도가) 느리다		
□ 坏 huài	고장이 나다		

上
shàng

(동) (높은 곳이나 탈 것 따위에) 올라타다, 오르다

他们上车以后，发现车上有很多空座。
Tāmen shàng chē yǐhòu, fāxiàn chē shàng yǒu hěn duō kōng zuò.
그들은 차를 타고나서 차에 빈자리가 많다는 것을 발견했다.

* 发现 fāxiàn 발견하다

请您上车以后刷卡，没有公交卡的
Qǐng nín shàng chē yǐhòu shuā kǎ, méiyǒu gōngjiāokǎ de

乘客请买票。
chéngkè qǐng mǎi piào.
승차 후 카드로 버스요금을 내주시고, 교통카드가 없는 승객은 표를 구입해 주십시오.

* 刷卡 shuā kǎ 카드를 긁다, 카드로 결제하다
* 公交卡 gōngjiāokǎ 교통카드

坐 zuò

(동) (자동차, 버스, 비행기를) 타다

你自己开车走吧，我坐公共汽车去。
Nǐ zìjǐ kāi chē zǒu ba, wǒ zuò gōnggòng qìchē qù.
너 혼자 차를 몰고 가, 나는 버스타고 갈게.

从韩国坐飞机到北京大概两个小时。
Cóng Hánguó zuò fēijī dào Běijīng dàgài liǎng ge xiǎoshi.
한국에서 북경까지 비행기를 타면 약 2시간 정도 걸린다.

* 大概 dàgài 대략, 대충(의) / 아마도, 대개는

骑 qí

(동) (동물, 자전거를) 타다, 올라타다

我骑自行车上班已经有三年了。
Wǒ qí zìxíngchē shàng bān yǐjīng yǒu sān nián le.
나는 자전거를 타고 출근한지 이미 3년이 되었다.

我去草原旅游的时候还骑马了呢。
Wǒ qù cǎoyuán lǚyóu de shíhou hái qí mǎ le ne.
나는 초원 여행을 할 때 말도 타 보았어요.

* 草原 cǎoyuán 초원

> **보카 활용포인트**
> (1) 동물이나 자전거와 같이 '등에 다리를 벌리고 타다'는 뜻인 경우 동사 '骑'를 쓰고, 자동차, 비행기와 같이 '탈 것에 타다'는 뜻인 경우 동사 '坐'를 씁니다.
> : 骑 (自行车 자전거 / 摩托车 mótuōchē 오토바이 / 马 mǎ 말)
> 坐 (飞机 비행기 / 船 배 / 汽车 자동차 / 出租车 택시 / 公共汽车 버스)
> (2) 동사 '坐'는 '앉다'는 뜻으로도 쓰이고, 이 경우 '站 (서다)'의 반의어입니다.
> : 小杨坐在椅子上。 샤오양은 의자에 앉아 있다.

开 kāi

(동) (차량을) 운전하다

我今年刚学会开车，开得不太好。
Wǒ jīnnián gāng xuéhuì kāi chē, kāi de bútài hǎo.
나는 올해 막 운전을 배워서 운전을 썩 잘하지는 못한다.

他开车速度很快，用了半个小时就到
Tā kāi chē sùdù hěn kuài, yòng le bàn ge xiǎoshí jiù dào
机场了。
jīchǎng le.
그는 운전 속도가 빨라서 30분 만에 공항에 도착했다.

* 速度 sùdù 속도

快
kuài

(형) (속도가) 빠르다

他说话真快，我都没听清楚。
Tā shuō huà zhēn kuài, wǒ dōu méi tīng qīngchu.
그는 말하는 것이 너무 빨라서 나는 똑똑히 알아듣지 못했다.

* 清楚 qīngchu 분명하다, 뚜렷하다

别担心，我很快就到家了。
Bié dānxīn, wǒ hěn kuài jiù dào jiā le.
제가 빨리 집에 갈 테니까 걱정하지 마세요.

慢
màn

(형) (속도가) 느리다

他的脚受伤了，所以走路很慢。
Tā de jiǎo shòu shāng le, suǒyǐ zǒu lù hěn màn.
그는 다리를 다쳐서 걷는 게 매우 느리다.

* 脚 jiǎo 발 [발목의 아래 부분을 말함]
* 受伤 shòu shāng 상처를 입다, 부상을 당하다

刚学会开车的时候，我开得很慢。
Gāng xuéhuì kāi chē de shíhou, wǒ kāi de hěn màn.
운전을 막 배웠을 때 나는 아주 느리게 운전을 하였다.

坏
huài

(형) ① 고장이 나다, 망가지다 ② 나쁘다

这辆车坏了，需要修理了。
Zhè liàng chē huài le, xūyào xiūlǐ le.
이 차는 고장이 나서 수리해야 한다.

* 需要 xūyào 필요로하다
* 修理 xiūlǐ 수리하다

老张这个人太坏了, 大家都讨厌他。
LǎoZhāng zhè ge rén tài huài le, dàjiā dōu tǎoyàn ta.
라오장은 사람이 너무 나빠서 모두들 그를 싫어한다.

* 讨厌 tǎoyàn 싫어하다, 미워하다

票
piào

(명) 표

我买了两张电影票, 花了100元。
Wǒ mǎi le liǎng zhāng diànyǐng piào, huā le yìbǎi yuán.
나는 영화표 2장을 사는데 100위안을 썼다.

下一站是五道口, 没票的乘客请买票。
Xià yí zhàn shì Wǔdàokǒu, méi piào de chéngkè qǐng mǎi piào.
다음 정류장은 우다오커우입니다. 표가 없는 승객은 표를 사주시기 바랍니다.

* 乘客 chéngkè 승객

司机
sījī

(명) 운전사, 조종사

司机微笑着问我去哪里?
Sījī wēixiào zhe wèn wǒ qù nǎli?
운전기사는 미소를 지으며 나에게 어디를 가는지 물어 보았다.

* 微笑 wēixiào 미소(를 짓다)

司机先生是一个40多岁的大叔, 态度
Sījī xiānsheng shì yí ge sì shí duō suì de dàshū, tàidù
很亲切。
hěn qīnqiè.
운전기사는 40살 쯤 된 아저씨인데 태도가 매우 친절하다.

* 大叔 dàshū 아저씨 [아버지와 동년배나 나이가 비교적 적은 남자에 대한 존칭임]
* 态度 tàidù 태도
* 亲切 qīnqiè 친절하다

站
zhàn

(명) 정거장, 정류소, 역

我在五道口站下车, 你在哪一站下车?
Wǒ zài Wǔdàokǒu zhàn xiàchē, nǐ zài nǎ yí zhàn xià chē?
나는 우다오커우 역에서 내리는데, 너는 어느 역에서 내리니?

他在公共汽车站等了很久，车也没来。
Tā zài gōnggòngqìchēzhàn děng le hěn jiǔ, chē yě méi lái.
그는 버스정류장에서 오랫동안 기다렸는데도 차가 오지 않았다.

> **보카 활용포인트**
> '站'은 '서다, 멈추다, 정지하다'는 뜻으로도 쓰입니다.
> : 孩子站在爸爸的旁边。 아이는 아버지 옆에 서있다.

火车站
huǒchēzhàn

(명) 기차역

我在火车站碰见了老同学。
Wǒ zài huǒchēzhàn pèngjiàn le lǎo tóngxué.
기차역에서 옛 동창을 우연히 만났다.

* 碰见 pèngjiàn 우연히 만나다

机场
jīchǎng

(명) 공항

我现在去机场接朋友。
Wǒ xiànzài qù jīchǎng jiē péngyou.
나는 지금 친구를 마중하러 공항에 간다.

* 接 jiē 영접하다, 맞이하다, 마중하다

我在机场等飞机的时候，在机场的
Wǒ zài jīchǎng děng fēijī de shíhou, zài jīchǎng de
商店里买了一些礼物。
shāngdiàn li mǎi le yìxiē lǐwù.
나는 공항에서 비행기를 기다릴 때, 공항상점에서 선물들을 샀다.

13 지리·공간·거리

(1) 지리

국가

☐ 地方 dìfang	장소		☐ 中国 Zhōngguó	중국
☐ 世界 shìjiè	세계		☐ 北京 Běijīng	북경
☐ 国家 guójiā	국가			

地方
dìfang

(명) 장소, 곳

这个地方我没来过。
Zhè ge dìfang wǒ méi láiguo.
이곳을 나는 와 본 적이 없다.

你可以带我去看看公司别的地方吗?
Nǐ kěyǐ dài wǒ qù kànkan gōngsī biéde dìfang ma?
네가 회사의 다른 곳을 좀 보게 나를 안내해 줄 수 있니?

* 带 dài 인도(인솔)하다, 이끌다, 데리고 (가다, 오다)

世界
shìjiè

(명) 세계

世界上人口最多的国家是中国。
Shìjiè shàng rénkǒu zuì duō de guójiā shì Zhōngguó.
세계에서 인구가 가장 많은 나라는 중국이다.

他是世界上最著名的足球运动员。
Tā shì shìjiè shàng zuì zhùmíng de zúqiú yùndòngyuán.
그는 세계에서 가장 유명한 축구선수이다.

* 著名 zhùmíng 유명하다, 저명하다
* 运动员 yùndòngyuán 운동선수

国家
guójiā

(명) 국가

中国是一个民族比较多的国家，一共
Zhōngguó shì yí ge mínzú bǐjiào duō de guójiā, yígòng

有56个民族。
yǒu wǔ'shí liù ge mínzú.

중국은 민족이 비교적 많은 국가로 모두 56개 민족이 있다.

* 比较 bǐjiào 비교적 / 비교하다
* 民族 mínzú 민족

中国
Zhōngguó

(명) 중국

中国是世界上人口最多的国家。
Zhōngguó shì shìjiè shàng rénkǒu zuì duō de guójiā.

중국은 세계에서 인구가 가장 많은 나라이다.

来到中国以后，我了解和学习了中国
Láidào Zhōngguó yǐhòu, wǒ liǎojiě hé xuéxí le Zhōngguó

文化。
wénhuà.

중국에 오고 나서 나는 중국 문화를 이해하고 배웠다.

* 了解 liǎojiě (자세하게 잘) 알다, 이해하다

北京
Běijīng

(명) 북경

我去过北京的故宫、颐和园、圆明园。
Wǒ qùguo Běijīng de Gùgōng、Yíhéyuán、Yuánmíngyuán.

나는 북경의 고궁, 이화원, 원명원에 가 본적이 있다.

刚来北京的时候，我觉得什么都很新鲜。
Gāng lái Běijīng de shíhou, wǒ juéde shénme dōu hěn xīnxiān.

북경에 막 왔을 때 나는 무엇이든 다 신선하게 느껴졌다.

(2) 공간

🐼 지역과 도로

☐ 城市 chéngshì 도시		☐ 路 lù 길, 도로	
☐ 故乡 gùxiāng 고향		☐ 楼 lóu 건물, 층	
☐ 街道 jiēdào 큰 길, 거리			

城市
chéngshì

(명) 도시

北京是一座大城市，有1700百万人口。
Běijīng shì yí zuò dà chéngshì, yǒu yìqiān qī'bǎi wàn rénkǒu.
북경은 대도시로 1700만 명의 인구가 있다.

* 座 zuò 도시(城市), 산(山), 다리(桥)와 같이 한자리에 크고 고정이 되어있는 것을 세는 단위

城市是一个很热闹的地方，车多人
Chéngshì shì yí ge hěn rènao de dìfang, chē duō rén
也多。
yě duō.
도시는 매우 번화한 곳이라서 차도 많고 사람도 많다.

* 热闹 rènao 번화하다, 떠들썩하다, 시끌벅적하다

故乡
gùxiāng

(명) 고향

你的故乡有什么有名的风景吗?
Nǐ de gùxiāng yǒu shénme yǒumíng de fēngjǐng ma?
너희 고향에는 어떤 유명한 경치가 있니?

* 风景 fēngjǐng 풍경, 경치

离开故乡已经很多年了，他非常想念
Líkāi gùxiāng yǐjīng hěn duō nián le, tā fēicháng xiǎngniàn
故乡。
gùxiāng.
고향을 떠난 지 이미 여러 해되어서 그는 고향을 매우 그리워한다.

* 想念 xiǎngniàn 그리워하다

街道
jiēdào

(명) 큰 길, 가로, 거리

这条街道早上刚刚打扫过。
Zhè tiáo jiēdào zǎoshang gānggāng dǎsǎoguo.
이 거리는 아침에 방금 청소를 했다.

街道两旁是商店，买东西的人很多。
Jiēdào liǎng páng shì shāngdiàn, mǎi dōngxi de rén hěn duō.
거리 양 쪽은 상점인데 물건을 사는 사람들이 매우 많다.

路
lù

(명) 길, 도로

你骑自行车走时，路上小心。
Nǐ qí zìxíngchē zǒu shí, lùshang xiǎoxīn.
너는 자전거 타고 갈 때 길에서 조심하렴.

* 小心 xiǎoxīn 조심하다, 주의하다

这条路的两边种了很多树和花。
Zhè tiáo lù de liǎng biān zhòng le hěn duō shù hé huā.
이 길의 양 쪽에 많은 나무와 꽃을 심었다.

楼
lóu

(명) ① 건물, 빌딩, 층집, 다층 건물 ② 층

楼上住人，楼下是客厅和厨房。
Lóushàng zhù rén, lóuxià shì kètīng hé chúfáng.
건물 위층에는 사람이 살고, 건물 아래층은 거실과 주방이다.

办公室在五楼，我们坐电梯上去吧。
Bàngōngshì zài wǔ lóu, wǒmen zuò diàntī shàng qù ba.
사무실은 5층에 있으니까 우리 엘리베이터를 타고 올라가자.

* 电梯 diàntī 엘리베이터

(3) 거리

장소이동과 거리

☐ 来 lái	오다		☐ 离开 lí kāi	떠나다
☐ 去 qù	가다		☐ 到 dào	도착하다, 도달하다
☐ 走 zǒu	걷다, 가다		☐ 近 jìn	(거리가) 가깝다
☐ 经过 jīngguò	지나다, 거치다		☐ 远 yuǎn	(거리가) 멀다
☐ 过去 guòqù	지나가다			

来
lái

(동) 오다

你来找我好吗？我在家里等你。
Nǐ lái zhǎo wǒ hǎo ma? Wǒ zài jiāli děng nǐ.
내가 집에서 너를 기다릴 테니까 네가 나를 찾아오겠니?

* 等 děng 기다리다

他来这里很久了，还没出去玩过呢。
Tā lái zhèlǐ hěn jiǔ le, hái méi chūqu wánguo ne.
그가 이곳에 온지 오래됐는데 아직 놀러 나간 적이 없다.

去
qù

(동) 가다

周三我要去上海出差，没有时间和你
Zhōusān wǒ yào qù Shànghǎi chūchāi, méi yǒu shíjiān hé nǐ
见面。
jiàn miàn.
수요일에 나는 상하이에 출장가기 때문에 너를 만날 시간이 없어.

* 出差 chūchāi 출장가다

我们一起去吃北京烤鸭吧，听说很
Wǒmen yìqǐ qù chī Běijīngkǎoyā ba, tīngshuō hěn
好吃。
hǎochī.
우리 같이 북경오리구이 먹으러 가자, 아주 맛이 있대.

* 听说 tīngshuō 듣자(하)니, 듣건대

走
zǒu

(동) 걷다, 가다

我走了十分钟才到公司。
Wǒ zǒu le shí fēnzhōng cái dào gōngsī.
나는 10분 동안 걸어서 겨우 회사에 도착했다.

* 才 cái 겨우, 비로소, 가까스로

如果你要走到那里，我开车送你。
Rúguǒ nǐ yào zǒu dào nàli, wǒ kāi chē sòng nǐ.
만약 네가 거기에 간다면 내가 차로 너를 바래다줄게.

* 开车 kāi chē 차를 몰다, 운전하다
* 送 sòng 배웅하다, 전송하다, 바래(다) 주다

经过
jīngguò

(동) ① (장소 등을) 지나다, 통과하다
② (과정을) 거치다

我去学校经过书店，帮同学买了两
Wǒ qù xuéxiào jīngguò shūdiàn, bāng tóngxué mǎi le liǎng

本书。
běn shū.
나는 학교에 갈 때 서점을 지나가기 때문에 친구 대신 책 2권을 샀다.

经过一年的努力，我学好了汉语。
Jīngguò yì nián de nǔlì, wǒ xuéhǎo le Hànyǔ.
1년간의 노력 끝에 나는 중국어를 마스터했다.

* 学好 xuéhǎo 잘 배우다, 배워서 체득하다, 마스터하다

过去
guò qù

(동) 지나가다

公共汽车刚刚过去，你怎么才来呀！
Gōnggòng qìchē gānggāng guò qù, nǐ zěnme cái lái ya.
버스가 막 지나갔는데 너는 왜 이제야 오니!

* 刚刚 gānggāng 바로 지금, 막, 방금

你快点过去吧！大家等你很久了。
Nǐ kuài diǎn guò qù ba! Dàjiā děng nǐ hěn jiǔ le.
너 빨리 좀 가봐! 모두 너를 오랫동안 기다리고 있어.

(1) '过去'는 말하는 사람이 있는 쪽에서 다른 곳으로 가는 것을 나타내고, 다른 곳에서 말하는 사람이 있는 쪽으로 오는 것을 나타내는 경우 '过来'를 씁니다.
(2) '过去'가 명사로 쓰이는 경우 '과거'라는 뜻으로 '现在(현재), 将来(미래)'와 구별되며 주어와 함께 문장 맨 앞에 써야 하고, '过去'의 위치는 주어 앞 뒤 모두 상관없습니다.

离开 lí kāi

(동) 떠나다, 벗어나다

他离开故乡已经五年了。
Tā lí kāi gùxiāng yǐjīng wǔ nián le.
그는 고향을 떠난 지 이미 5년이 되었다.

* 故乡 gùxiāng 고향

你别离开，我马上就到你那里。
Nǐ bié lí kāi, wǒ mǎshàng jiù dào nǐ nàli.
떠나지마, 내가 곧바로 너한테 갈게.

到 dào

(동) 도착하다, 도달하다

我到机场送我的朋友回国。
Wǒ dào jīchǎng sòng wǒ de péngyou huí guó.
나는 친구가 귀국하는 걸 배웅하려고 공항에 갔다.

火车晚点了，你什么时候到的？
Huǒchē wǎn diǎn le, nǐ shénme shíhou dào de?
기차가 좀 연착을 했는데 너는 언제 왔어?

* 晚点 wǎn diǎn (차, 선박, 비행기 따위가) 제 시간에 늦다, 연착하다

近 jìn

(형) (거리가) 가깝다

你不要离电视机太近了，对眼睛不好。
Nǐ búyào lí diànshìjī tài jìn le, duì yǎnjing bù hǎo.
너 TV에 너무 가까이 있지 마, 눈에 안 좋아.

* 对 duì ~에 대해, ~에 대하여

我家离学校很近，走路只要五分钟就
Wǒ jiā lí xuéxiào hěn jìn, zǒu lù zhǐyào wǔ fēnzhōng jiù

到了。
dào le.

우리 집은 학교에서 매우 가까워서 걸어서 5분이면 도착한다.

远
yuǎn

(형) (거리가) 멀다

他在很远的地方买了房子。
Tā zài hěn yuǎn de dìfang mǎi le fángzi.

그는 아주 먼 곳에 집을 샀다.

美国离中国很远，大概坐十几个小时
Měiguó lí Zhōngguó hěn yuǎn, dàgài zuò shí jǐ gè xiǎoshí

的飞机。
de fēijī.

미국은 중국에서 매우 멀어서 비행기를 타고 약 10여 시간 쯤 걸린다.

14 교육과 학습

(1) 교육기관

학교

☐ 学校	xuéxiào	학교	☐ 同学	tóngxué	학우, 급우
☐ 校长	xiàozhǎng	교장	☐ 年级	niánjí	학년
☐ 老师	lǎoshī	선생님	☐ 班	bān	반
☐ 学生	xuésheng	학생			

学校 xuéxiào	**(명)** 학교 我们学校在九月份开学。 Wǒmen xuéxiào zài jiǔ yuèfèn kāi xué. 우리 학교는 9월에 개학을 한다. 北京大学是中国很有名的学校。 Běijīng Dàxué shì Zhōngguó hěn yǒumíng de xuéxiào. 북경대학은 중국의 유명한 학교이다.
校长 xiàozhǎng	**(명)** 교장, (교장·학장·총장 등의) 학교장 她当校长已经三年了。 Tā dāng xiàozhǎng yǐjīng sān nián le. 그녀가 교장이 된지 벌써 3년이 되었다. * 当 dāng (직무를) 담당하다, ~이 되다, (~의 일을) 맡다 校长是北京人，今年40岁了。 Xiàozhǎng shì Běijīngrén, jīnnián sì shí suì le. 교장선생님은 북경사람으로 올해 40살이시다.
老师 lǎoshī	**(명)** 선생님 老师生病了，不能上课了。 Lǎoshī shēng bìng le, bù néng shàng kè le. 선생님이 병이 나서서 수업을 하실 수 없다.

我的老师是中国人，她刚刚大学毕业。
Wǒ de lǎoshī shì Zhōngguórén, tā gānggāng dàxué bì yè.
우리 선생님은 중국인이시고, 막 대학을 졸업하셨다.

学生
xuésheng

(명) 학생

大家好，我是新来的学生。
Dàjiā hǎo, wǒ shì xīn lái de xuésheng.
여러분 안녕하세요, 저는 새로 온 학생입니다.

我们学校有20名老师，500名学生。
Wǒmen xuéxiào yǒu èrshí míng lǎoshī, wǔbǎi míng xuésheng.
우리 학교에는 선생님 20명과 학생 500명이 있다.

同学
tóngxué

(명) 학우, 급우, 동창, 동급생

刚才你的同学来找你了。
Gāngcái nǐ de tóngxué lái zhǎo nǐ le.
방금 네 학우가 너를 찾아왔었어.

刚才跟你说话的那个女孩儿是我高中
Gāngcái gēn nǐ shuō huà de nà gè nǚhár shì wǒ gāozhōng

同班同学。
tóng bān tóngxué.
방금 너랑 얘기한 그 여자애는 내 고등학교 동기동창이야.

* 同班同学 tóng bān tóngxué 동기동창

年级
niánjí

(명) 학년

我们年级一共有五个班。
Wǒmen niánjí yígòng yǒu wǔ ge bān.
우리 학년은 모두 5개 반이 있다.

弟弟今年上三年级，我上五年级了。
Dìdi jīnnián shàng sān niánjí, wǒ shàng wǔ niánjí le.
남동생은 올해 3학년이 되었고, 나는 5학년이 되었다.

班
bān

(명) 반

我报了汉语初级班。
Wǒ bào le Hànyǔ chūjí bān.
나는 중국어 초급반에 등록했다.

* 报 bào 신청하다, 등록하다
* 初级 chūjí 초급

一年级二班的考试已经结束了。
Yì niánjí èr bān de kǎoshì yǐjing jiéshù le.
1학년 2반 시험은 이미 끝났다.

* 结束 jiéshù 끝나다, 마치다

교실

☐ 教室 jiàoshì	교실	☐ 书 shū	책
☐ 图书馆 túshūguǎn	도서관	☐ 字典 zìdiǎn	사전
☐ 黑板 hēibǎn	칠판	☐ 铅笔 qiānbǐ	연필
☐ 包 bāo	가방		

教室
jiàoshì

(명) 교실

教室里坐满了学生。
Jiàoshì li zuòmǎn le xuésheng.
교실 안에 학생들이 가득 앉아 있다.

教室里一共有十二个学生。
Jiàoshì li yígòng yǒu shí'èr ge xuésheng.
교실 안에 모두 12명의 학생들이 있다.

图书馆
túshūguǎn

(명) 도서관

图书馆八点钟开门。
Túshūguǎn bā diǎnzhōng kāi mén.
도서관은 8시에 문을 연다.

学校的图书馆里有几十万本图书。
Xuéxiào de túshūguǎn li yǒu jǐ shí wàn běn túshū.
학교 도서관에는 수십만 권의 책이 있다.

黑板
héibǎn

(명) 칠판

老师在黑板上写字。
Lǎoshī zài hēibǎn shàng xiě zì.
선생님은 칠판에 글씨를 쓰신다.

我把黑板擦干净了。
Wǒ bǎ hēibǎn cā gānjìng le.
나는 칠판을 깨끗이 닦았다.

* 擦 cā 닦다
* 干净 gānjìng 깨끗하다, 깔끔하다

包
bāo

(명) 가방, 보따리, 봉지, 꾸러미, 주머니

这个包里装着很多书。
Zhè ge bāo li zhuāngzhe hěn duō shū.
이 가방 안에는 책이 많이 들어있다.

* 装 zhuāng (물품을) 담다, 채워 넣다

他拿着一个黑色的包就跑出去了。
Tā názhe yí ge hēisè de bāo jiù pǎo chū qu le.
그는 검은 색 가방을 들고 바로 뛰어나갔다.

书
shū

(명) 책

书柜里的书种类真多啊!
Shūguì li de shū zhǒnglèi zhēn duō a!
책장 속의 책은 종류가 정말 많다!

* 书柜 shūguì 책장
* 种类 zhǒnglèi 종류

书店离我家很近，那里有很多书。
Shūdiàn lí wǒ jiā hěn jìn, nàli yǒu hěn duō shū.
서점은 우리 집에서 가까운데 그 곳에는 책이 많이 있다.

字典
zìdiǎn

(명) 사전, 자전

这儿有一本字典，你自己找找。
Zhèr yǒu yì běn zìdiǎn, nǐ zìjǐ zhǎozhǎo.
여기 사전이 있으니까 네 스스로 좀 찾아보렴.

这个字我不认识，借我用一下你的
Zhè ge zì wǒ bú rènshi, jiè wǒ yòng yíxià nǐ de

字典。
zìdiǎn.

이 글자를 모르겠는데 내가 네 사전 좀 쓰게 빌려주라.

* 认识 rènshi (사람, 글자, 길을) 알다

铅笔
qiānbǐ

(명) 연필

我有两支铅笔，给你一支。
Wǒ yǒu liǎng zhī qiānbǐ, gěi nǐ yì zhī.

나는 연필 두 자루가 있는데, 너한테 한 자루 줄게.

* 支 zhī ~자루, ~개피 [가늘고 길며 딱딱한 물건을 세는 단위]

新HSK考试需要2B铅笔和橡皮。
XīnHSK kǎoshì xūyào èrB qiānbǐ hé xiàngpí.

신HSK시험에는 2B연필과 지우개가 필요하다.

* 需要 xūyào 필요(로) 하다
* 橡皮 xiàngpí 지우개

---

(2) 교육

학문

☐ 学术	xuéshù	학술		☐ 句子	jùzi	문장
☐ 学问	xuéwen	학문		☐ 词语	cíyǔ	단어(와 어구), 어휘, 글자
☐ 数学	shùxué	수학		☐ 字	zì	글자
☐ 汉语	Hànyǔ	중국어		☐ 意思	yìsi	의미, 뜻
☐ 普通话	pǔtōnghuà	표준어				

学术
xuéshù

(명) 학술, 아카데미

这次的汉语学术会将在北京大学举行。
Zhè cì de Hànyǔ xuéshùhuì jiāng zài Běijīng Dàxué jǔxíng.
이번 중국어 학술회는 북경에서 개최될 것이다.

* 举行 jǔxíng 거행하다, 진행하다, 개최하다
* 将 jiāng 장차, 막, 곧

他正在进行关于汉语的学术研究。
Tā zhèngzài jìnxíng guānyú Hànyǔ de xuéshù yánjiū.
그는 중국어에 대한 학술 연구를 진행하고 있는 중이다.

* 关于 guānyú ~에 관해서

学问
xuéwen

(명) ① 학문 ② 학식, 지식

这门学问很深, 我们需要继续学习。
Zhè mén xuéwen hěn shēn, wǒmen xūyào jìxù xuéxí.
이 학문은 너무 깊이가 있어서 우리는 지속적인 학습이 필요하다.

* 门 mén ~분류, 부문, 종류 [학문, 과목, 기술 등을 세는 단위]
* 继续 jìxù 계속하다

他是我的老师, 很有学问。
Tā shì wǒ de lǎoshī, hěn yǒu xuéwen.
그는 우리 선생님인데 매우 학식이 있는 분이시다.

数学
shùxué

(명) 수학

我数学学得不好, 经常出错误。
Wǒ shùxué xué de bù hǎo, jīngcháng chū cuòwù.
나는 수학을 잘 못해서 자주 실수를 한다.

* 错误 cuòwù 실수, 잘못, 틀린 행위

为了今天的数学考试, 我昨天学习了
Wèile jīntiān de shùxué kǎoshì, wǒ zuótiān xuéxí le yì
一整天。
zhěngtiān.
오늘 수학 시험을 위해서 나는 어제 하루 종일 공부를 했다.

* 为了 wèile ~을 위해서
* 整天 zhěngtiān 온종일, 진종일, 하루 종일

汉语
Hànyǔ

(명) 중국어

我来中国学习汉语。
Wǒ lái Zhōngguó xuéxí Hànyǔ.
나는 중국어를 배우러 중국에 왔다.

我觉得汉语虽然很难学，但是很有趣。
Wǒ juéde Hànyǔ suīrán hěn nán xué, dànshì hěn yǒuqù.
나는 중국어가 비록 배우기는 어렵지만 아주 재미있다고 생각한다.

* 觉得 juéde ~라고 여기다, 느끼다, 생각하다
* 虽然 ~ 但是 … suīrán ~ dànshì … 비록 ~이지만 그러나 …하다
* 有趣 yǒuqù 재미있다, 흥미가 있다, 흥미를 끌다

普通话
pǔtōnghuà

(명) 표준어

他刚来北京，普通话说得不太好。
Tā gāng lái Běijīng, pǔtōnghuà shuō de bútài hǎo.
그는 막 북경에 와서 표준어를 별로 잘 구사하지 못 한다.

小王一直生活在北京，普通话说得
Xiǎo Wáng yìzhí shēnghuó zài Běijīng, pǔtōnghuà shuō de
很好。
hěn hǎo.
샤오왕은 계속 북경에서 생활해서 표준어를 매우 잘 한다.

句子
jùzi

(명) 문장

读书时，我碰到了不少长句子。
Dú shū shí, wǒ pèngdào le bù shǎo cháng jùzi.
책을 읽을 때 나는 장문을 많이 보았다.

* 读书 dú shū 책을 읽다, 독서하다 / 공부하다
* 碰到 pèngdào 만나다, 부딪치다
* 长句子 cháng jùzi 긴 문장, 장문

你能把书上的句子给我读一下吗?
Nǐ néng bǎ shū shàng de jùzi gěi wǒ dú yíxià ma?
네가 책에 있는 문장을 나에게 좀 읽어줄 수 있겠니?

词语
cíyǔ

(명) 단어(와 어구), 어휘, 글자

我们今天学了十个词语。
Wǒmen jīntiān xué le shí ge cíyǔ.
우리는 오늘 단어를 10개 배웠다.

昨天的考试有很多词语我不懂。
Zuótiān de kǎoshì yǒu hěn duō cíyǔ wǒ bù dǒng.
어제 시험에서는 내가 모르는 단어가 아주 많았다.

字
zì

(명) 글자, 문자

这个字你写错了。
Zhè ge zì nǐ xiěcuò le.
이 글자를 너는 틀리게 썼다.

* 错 cuò 틀리다, 맞지 않다

我有几个字不知道怎么读。
Wǒ yǒu jǐ ge zì bù zhīdào zěnme dú.
나는 어떻게 읽어야 할지 모르는 글자가 몇 개 있다.

意思
yìsi

(명) ① 의미, 뜻 ② 재미, 흥미

这个词是什么意思？你能告诉我吗？
Zhè ge cí shì shénme yìsi? Nǐ néng gàosu wǒ ma?
이 단어는 무슨 뜻인가요? 당신이 저한테 가르쳐줄 수 있나요?

* 告诉 gàosu 알리다, 말하다

昨天的电影我看了，觉得很有意思。
Zuótiān de diànyǐng wǒ kàn le, juéde hěn yǒu yìsi.
어제 영화를 봤는데 나는 아주 재미있다고 생각했다.

* 电影 diànyǐng 영화

(3) 학업

학습방법

☐ **看** kàn 보다	☐ **讲** jiǎng 말하다
☐ **看见** kànjiàn 보이다	☐ **读** dú 읽다
☐ **听** tīng 듣다	☐ **写** xiě 쓰다
☐ **说** shuō 말하다		

看
kàn

(동) ① (눈으로) 보다
　　② ~라고 보다 [판단하다], ~라고 생각하다 [여기다]

我在图书馆看过很多有趣的书。
Wǒ zài túshūguǎn kànguo hěn duō yǒuqù de shū.
나는 도서관에서 재미있는 책들을 많이 본 적이 있다.

＊ 有趣 yǒuqù 재미있다, 흥미 있다

我看这家宾馆的条件不错，咱们就住
Wǒ kàn zhè jiā bīnguǎn de tiáojiàn búcuò, zánmen jiù zhù
这里吧。
zhèlǐ ba.
내가 보기에 이 호텔의 조건이 괜찮은 것 같으니까 우리 여기에 묵자.

＊ 条件 tiáojiàn 조건

看见
kànjiàn

(동) 보(이)다, 눈에 띄다

我刚才看见他来学校了。
Wǒ gāngcái kànjiàn tā lái xuéxiào le.
나는 방금 그가 학교에 오는 것을 보았다.

你看见什么了？那么高兴啊？
Nǐ kànjiàn shénme le? Nàme gāoxìng a?
너는 뭘 보았 길래 그렇게 좋아하니?

听
tīng

(동) 듣다

我喜欢听金老师讲课，很有趣。
Wǒ xǐhuan tīngJīn lǎoshī jiǎng kè, hěn yǒuqù.
나는 김 선생님 수업을 듣는 걸 좋아하는데 아주 재미있다.

我听不见，请你大点声说。
Wǒ tīng bu jiàn, qǐng nǐ dà diǎn shēng shuō.
제가 안 들리니까 좀 큰 소리로 말해주세요.

说
shuō

(동) 말하다, 이야기하다

玛丽用流利的汉语跟我说话。
Mǎlì yòng liúlì de Hànyǔ gēn wǒ shuō huà.
마리는 유창한 중국어로 나한테 이야기를 한다.

* 流利 liúlì (문장이나 말이) 유창하다

你慢一点说话好吗？说得太快，我听
Nǐ màn yìdiǎn shuō huà hǎo ma? Shuō de tài kuài, wǒ tīng

不懂。
bu dǒng.
좀 천천히 얘기해줄래요? 말이 너무 빨라서 제가 못 알아듣겠어요.

讲
jiǎng

(동) 말하다, 이야기하다

下节课讲听力和语法。
Xià jié kè jiǎng tīnglì hé yǔfǎ.
다음 시간은 듣기와 어법 수업이다.

他的演讲讲得太精彩了。
Tā de yǎnjiǎng jiǎng de tài jīngcǎi le.
그는 강연을 매우 잘했다.

* 演讲 yǎnjiǎng 강의(하다), 연설(하다)
* 精彩 jīngcǎi 뛰어나다, 훌륭하다, 잘하다

> **보카 활용포인트**
> '说', '讲', '谈'은 모두 '말하다, 이야기하다'는 뜻입니다.
> (1) 말로써 상대방에게 의사전달을 하는 것을 뜻하는 경우 '说'를 씁니다.
> (2) '讲课 jiǎng kè 강의하다, 수업하다', '讲故事 jiǎng gùshi (옛날)이
> 야기를 하다'와 같이 말로써 상대방에게 어떤 내용을 표현하려고 하거
> 나 일정한 줄거리나 상황을 가지고 있는 것을 말하는 경우에는 '讲'을
> 씁니다.
> (3) 두 사람 또는 그 이상이 같이 이야기하는 방식을 나타내는 경우 '谈 tán'
> 을 씁니다.

读 dú

(동) (소리내어) 읽다. 낭독하다

你读过中国的四大名著吗?
Nǐ dúguo Zhōngguó de sì dà míngzhù ma?
당신은 중국의 4대 명저를 읽어본 적이 있습니까?

* 名著 míngzhù 명저, 명작

我只读过一部《西游记》。
Wǒ zhǐ dúguo yí bù 《XīYóuJì》.
나는《서유기》만 읽은 적이 있다.

* 只 zhǐ 단지, 다만, 오직, 겨우

写 xiě

(동) (글씨를) 쓰다

我给他写了一封信。
Wǒ gěi tā xiě le yì fēng xìn.
나는 그에게 편지 한 통을 썼다.

你可以在上面写"祝你生日快乐"吗?
Nǐ kěyǐ zài shàngmian xiě "Zhù nǐ shēngrì kuàilè" ma?
당신이 윗면에 '생일 축하합니다'라고 써주실 수 있나요?

수업

□ 课	kè	수업	□ 学习	xuéxí	공부(하다)
□ 上课	shàng kè	수업하다	□ 复习	fùxí	복습하다
□ 下课	xià kè	수업이 끝나다	□ 练习	liànxí	연습하다
□ 教	jiāo	가르치다	□ 问	wèn	묻다, 질문하다

课 kè

(명) 수업

我一天上三节课。
Wǒ yì tiān shàng sān jié kè.
나는 하루에 3시간 수업을 한다.

* 节 jié (수업할 때의) ~시간 [여러 개로 나누어 진 것을 세는 단위]

我们先上听力课，然后再上口语课。
Wǒmen xiān shàng tīnglì kè, ránhòu zài shàng kǒuyǔ kè.
우리는 먼저 듣기 수업을 하고 나서 회화 수업을 한다.

* 然后(再) ránhòu (zài) 그런 다음에 다시, 그러한 후에 다시

上课
shàng kè

(동) 수업하다

我今天要去上课，没有时间带你买东西。
Wǒ jīntiān yào qù shàng kè, méiyǒu shíjiān dài nǐ mǎi dōngxi.
나는 오늘 수업을 가야돼서 너를 데리고 물건 사러 갈 시간이 없다.

* 带 dài (사람을) 데리고(가다, 오다)

上课的时候，老师的声音太小了，
Shàng kè de shíhou, lǎoshī de shēngyīn tài xiǎo le,

学生们听不清楚。
xuéshēngmen tīng bu qīngchu.
수업할 때 선생님의 목소리가 너무 작아서 학생들은 잘 안 들린다.

* 听不清楚 tīng bu qīngchu 똑똑히 (분명히) 들리지 않다

下课
xià kè

(동) 수업이 끝나다, 수업을 마치다

我们已经下课了，准备回家。
Wǒmen yǐjīng xià kè le, zhǔnbèi huí jiā.
우리는 이미 수업이 끝나서 집에 가려고 한다.

* 准备 zhǔnbèi 준비하다 / ~하려고 하다, ~할 작정(계획)이다

下课后，我和朋友一起去逛街。
Xià kè hòu, wǒ hé péngyou yìqǐ qù guàng jiē.
수업이 끝나고 나서 나는 친구와 함께 쇼핑을 하러 갔다.

* 逛街 guàng jiē (아이)쇼핑하다, 길거리를 한가로이 거닐며 구경하다

教
jiāo

(동) 가르치다

老师教我们正确的口语发音。
Lǎoshī jiāo wǒmen zhèngquè de kǒuyǔ fāyīn.
선생님은 우리에게 정확한 회화 발음을 가르쳐 주셨다.

* 正确 zhèngquè 정확하다, 올바르다, 옳다

这台机器怎么用，你能教我用吗？
Zhè tái jīqì zěnme yòng, nǐ néng jiāo wǒ yòng ma?
이 기계를 어떻게 쓰는지 네가 나한테 가르쳐줄 수 있니?

* 机器 jīqì 기계

学习
xuéxí

(동) 공부(하다), 학습(하다)

他学习中国文化已经六年了。
Tā xuéxí Zhōngguó wénhuà yǐjīng liù nián le.
그는 중국 문화를 공부한지 이미 6년이 되었다.

* 文化 wénhuà 문화

我今天学习汉语语法，明天学习写作。
Wǒ jīntiān xuéxí Hànyǔ yǔfǎ, míngtiān xuéxí xiězuò.
나는 오늘 중국어 어법을 공부하고, 내일은 작문을 공부할 것이다.

复习
fùxí

(동) 복습하다

下课以后，他复习功课。
Xià kè yǐhòu, tā fùxí gōngkè.
수업이 끝나고 나서 그는 과목을 복습한다.

* 功课 gōngkè (학)과목 / 강의, 수업

我们今天复习第一课的单词。
Wǒmen jīntiān fùxí dì yī kè de dāncí.
나는 오늘 제1과 단어를 복습했다.

* 单词 dāncí 단어

练习
liànxí

(동) 연습하다

今天上课的时候，我们练习了写作。
Jīntiān shàng kè de shíhou, wǒmen liànxí le xiězuò.
오늘 수업할 때 우리는 작문을 연습했다.

我刚刚学会游泳，还需要多练习。
Wǒ gānggāng xuéhuì yóuyǒng, hái xūyào duō liànxí.
나는 막 수영을 배워서 아직 많은 연습이 필요하다.

* 学会 xuéhuì 습득하다, 배워서 알다, 배워서 할 수 (있게 되)다
* 游泳 yóuyǒng 수영하다

问
wèn

(동) 묻다, 질문하다

我问他现在几点了。
Wǒ wèn tā xiànzài jǐ diǎn le.
나는 그에게 지금 몇 시인지 물어 보았다.

他问了我很多关于学习的问题。
Tā wèn le wǒ hěn duō guānyú xuéxí de wèntí.
그는 나에게 공부에 관한 문제들을 많이 물어보았다.

* 关于 guānyú ~에 관해서

보카활용포인트
동사 '问' 뒤에는 다음과 같이 목적어가 2개옵니다.
: 주어 + 问 + 대상(사람) + 묻는 내용
　　　　　　└─ 목적어₁　└─ 목적어₂

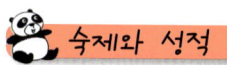 숙제와 성적

☐ 作业 zuòyè (학생들의) 숙제	☐ 水平 shuǐpíng 수준
☐ 问题 wèntí 문제	☐ 成绩 chéngjì 성적
☐ 题 tí 문제, 연습문제	☐ 提高 tígāo 향상시키다

作业
zuòyè

(명) (학생들의) 숙제, 과제

孩子写完作业以后就出去玩儿了。
Háizi xiěwán zuòyè yǐhòu jiù chūqu wár le.
아이는 숙제를 다 하고 나서 나가 놀았다.

问题
wèntí

(명) 질문, 문제

这个问题不难回答，你再好好想想。
Zhè ge wèntí bù nán huídá, nǐ zài hǎohāo xiǎngxiǎng.
이 문제는 대답하기 어렵지 않으니까 네가 다시 잘 생각해 보렴.

* 回答 huídá (질문에) 대답하다

我们应该解决这几个问题。
Wǒmen yīnggāi jiějué zhè jǐ ge wèntí.
우리는 이 몇 가지 문제를 당연히 해결해야 한다.

* 应该 yīnggāi (이치나 도리 상) 마땅히, 당연히 ~해야 한다
* 解决 jiějué (문제 따위를) 해결하다

题 tí

(명) 문제, 연습문제, 시험문제

这道题的答案有两个。
Zhè dào tí de dáàn yǒu liǎng ge.
이 문제의 답은 두 개가 있다.

* 道 dào 명령, 제목, 문제 등을 세는 단위

老师给我们出了三道题。
Lǎoshī gěi wǒmen chū le sān dào tí.
선생님께서 우리에게 세 문제를 내주셨다.

보카활용포인트
'问题'와 '题'는 둘 다 '문제'라는 뜻입니다. 그러나 '问题'는 상대방에게 해답이나 해석 등 대답을 요구하는 '질문'의 뜻으로 쓰이고, '题'는 연습이나 시험 따위의 '문제'를 말하는 경우에 쓰입니다.

水平 shuǐpíng

(명) 수준, 정도

这里的人们生活水平很高。
Zhèlǐ de rénmen shēnghuó shuǐpíng hěn gāo.
이 곳 사람들의 생활수준은 매우 높다.

他的汉语水平很高, 很容易就得了六级。
Tā de Hànyǔ shuǐpíng hěn gāo, hěn róngyì jiù dé le liù jí.
그는 중국어 실력이 높아서 아주 쉽게 6급을 땄다.

* 容易 róngyì 쉽다

成绩 chéngjì

(명) 성적

他学习成绩不好, 总是不及格。
Tā xuéxí chéngjì bù hǎo, zǒngshì bù jígé.
그는 학업 성적이 좋지 않아서 늘 불합격이다.

* 总是 zǒngshì 늘, 항상
* 不及格 bù jígé (시험에) 불합격하다

这次考试成绩出来了，我考了第二名。
Zhè cì kǎoshì chéngjì chūlái le, wǒ kǎo le dì èr míng.
이번 시험 성적이 나왔는데 나는 2등을 했다.

* 第二名 dì èr míng 2등

提高
tígāo

(동) 향상시키다, 높이다, (끌어)올리다

我想提高英语水平。
Wǒ xiǎng tígāo Yīngyǔ shuǐpíng.
나는 영어실력을 높이고 싶다.

* 水平 shuǐpíng 수준, 실력

我要求公司提高我的工资。
Wǒ yāoqiú gōngsi tígāo wǒ de gōngzǐ.
나는 회사에 내 월급을 올려달라고 요구했다.

* 要求 yāoqiú 요구(하다)
* 工资 gōngzǐ 월급, 임금

보카 활용포인트

提高(水平 수준 / 质量 zhìliàng 질 / 成绩 chéngjì 성적 / 产量 chǎnliàng 생산량 / 收入 shōurù 수입, 소득)

지식습득

☐ 懂 dǒng	이해하다, 알다	☐ 知道 zhīdào	알다
☐ 明白 míngbai	이해하다, 알다	☐ 忘记 wàngjì	잊어버리다
☐ 认识 rènshi	알다	☐ 记得 jìdé	기억하다
☐ 了解 liǎojiě	이해하다	☐ 聪明 cōngming	똑똑하다

懂
dǒng

(동) 이해하다, 알다

这个词我不懂是什么意思。
Zhè ge cí wǒ bù dǒng shì shénme yìsi.
나는 이 단어가 무슨 뜻인지 모르겠다.

你不用再解释了，我懂你的意思。
Nǐ búyòng zài jiěshì le, wǒ dǒng nǐ de yìsi.
다시 설명할 필요 없어요, 당신 뜻을 알겠습니다.

明白
míngbai

(동) 이해하다, 알다

我讲的内容，你能明白吗？
Wǒ jiǎng de nèiróng, nǐ néng míngbai ma?
제가 설명한 내용을 당신은 이해할 수 있나요?

你话说得很清楚，所以我听明白了你
Nǐ huà shuō de hěn qīngchu, suǒyǐ wǒ tīng míngbai le nǐ
说的意思。
shuō de yìsi.
네가 말을 분명히 해서 나는 네 말 뜻을 알아들었다.

＊ 意思 yìsi 의미, 뜻

认识
rènshi

(동) 알다

我认识那个人，他是我的邻居。
Wǒ rènshi nà ge rén, tā shì wǒ de línjū.
나는 그 사람을 아는데 그는 내 이웃사람이다.

我会说一点儿汉语，但一个汉字也不
Wǒ huì shuō yìdiǎr Hànyǔ, dàn yí ge Hànzì yě bú
认识。
rènshi.
나는 중국어를 조금 말 할 줄 알지만 한자는 한글자도 모른다.

了解
liǎojiě

(동) 자세하게 잘 알다, 이해하다

我了解你现在的心情。
Wǒ liǎojiě nǐ xiànzài de xīnqíng.
나는 당신의 지금 심정을 이해합니다.

＊ 心情 xīnqíng 심정, 마음, 기분

我和他认识的时间不长，彼此不了解。
Wǒ hé tā rènshi de shíjiān bù cháng, bǐcǐ bù liǎojiě.
나와 그는 알고 지낸 시간이 길지 않아서 서로 잘 알지 못 한다.

＊ 彼此 bǐcǐ 서로, 피차

知道
zhīdào

(동) 알다

你知道我的书放在哪里了吗?
Nǐ zhīdào wǒ de shū fàng zài nǎli le ma?
너는 내 책을 어디 두었는지 아니?

你知道坐什么车能到学校吗?
Nǐ zhīdào zuò shénme chē néng dào xuéxiào ma?
너는 학교에 가려면 무슨 버스를 타야하는지 아니?

보카 활용포인트

'懂', '明白', '认识', '了解', '知道'는 모두 '알다, 이해하다'는 뜻입니다.

(1) '懂'은 보통 '눈으로 보거나 귀로 듣고서 몰랐던 것을 알(게 되)다'는 뜻으로 동사 뒤에서 의미를 보충해 주는 보어(补语)로 쓰이는 경우가 많으며, 이 경우 '明白'와 동의어입니다.
: **听懂了** [= 听明白了] 알아들었다 / **看懂了** [= 看明白了] 보고서 알았다, 알아보았다

(2) '认识'는 '사람, 글자, 길을 알다'는 뜻입니다.
: **认识** (他 그 / 你 너 / 这个字 이 글자 / 那条路 그 길)

(3) '了解'는 '어떤 사람, 사실, 상황에 대해 자세하고 분명하게 잘 알고 있다'는 뜻입니다.
: **我很了解这里的情况。** 나는 이곳 상황을 잘 안다.

(4) '知道'는 '어떤 사람, 사물, 일에 대해서 단순히 보거나 듣거나 접촉 등을 하여 알게 되는 경우에 씁니다.
: **我知道她什么时候走。** 나는 이곳 상황을 잘 안다.

忘记
wàngjì

(동) 잊어버리다, 소홀히 하다

明天两点开会,你不要忘记。
Míngtiān liǎng diǎn kāi huì, nǐ búyào wàngjì.
내일 2시에 회의가 있으니 잊지 마세요.

我忘记带钱包了,你能借我五十元吗?
Wǒ wàngjì dài qiánbāo le, nǐ néng jiè wǒ wǔshí yuán ma?
내가 지갑을 가지고 오는 걸 깜빡했는데 네가 50위안만 빌려줄 수 있니?

记得
jìdé

(동) 기억하다

这么久了,你还记得他的电话号码吗?
Zhème jiǔ le, nǐ hái jìdé tā de diànhuà hàomǎ ma?
이렇게 오래되었는데 너는 아직도 그의 전화번호를 기억하니?

* 久 jiǔ 오래다, (시간이) 길다

我记得，他的电话号码很容易记。
Wǒ jìdé, tā de diànhuà hàomǎ hěn róngyì jì.
나는 기억하고 있어요, 그의 전화번호는 기억하기 쉽거든요.

聪明
cōngming

(형) 똑똑하다

这是一个很聪明的办法。
Zhè shì yí ge hěn cōngming de bànfǎ.
이것은 아주 똑똑한 방법이다.

* 办法 bànfǎ 방법

这孩子真聪明，会写很多汉字。
Zhè háizi zhēn cōngming, huì xiě hěn duō Hànzì.
이 아이는 정말 똑똑해서 많은 한자를 쓸 줄 알아요.

시험

☐ 考试	kǎoshì	시험(을 치다)	☐ 结束	jiéshù	끝나다, 마치다
☐ 重要	zhòngyào	중요하다	☐ 容易	róngyì	쉽다
☐ 主要	zhǔyào	주요하다	☐ 简单	jiǎndān	간단하다
☐ 清楚	qīngchu	분명하다	☐ 难	nán	어렵다
☐ 开始	kāishǐ	시작하다	☐ 错	cuò	틀리다

考试
kǎoshì

(명/동) 시험(을 치다)

现在考试口语，请大家做好准备。
Xiànzài kǎoshì kǒuyǔ, qǐng dàjiā zuòhǎo zhǔnbèi.
지금 회화 시험을 볼 거니까 모두들 준비하세요.

考试的时候，你们不要看别人的，
Kǎoshì de shíhou, nǐmen bú yào kàn biérén de,
要自己做。
yào zìjǐ zuò.
시험 볼 때 여러분은 다른 사람 것을 보지 말고 본인 스스로 문제를 풀어야 합니다.

重要
zhòngyào

(형) 중요하다

这件事很重要，你一定别忘了。
Zhè jiàn shì hěn zhòngyào, nǐ yídìng bié wàng le.
이 일은 아주 중요하니까 너는 꼭 잊지 말아라.

* 一定 yídìng 반드시, 꼭

明天的面试很重要，你千万不要迟到。
Míngtiān de miànshì hěn zhòngyào, nǐ qiānwàn bú yào chídào.
내일 면접시험은 매우 중요하니까 너는 절대로 지각하면 안 된다.

* 面试 miànshì 면접시험
* 千万 qiānwàn 절대로, 아무쪼록, 꼭 [재삼 부탁할 때 씀]

主要
zhǔyào

(형) 주요하다 **(부)** 주로, 대부분

我知道合同的主要内容。
Wǒ zhīdao hétong de zhǔyào nèiróng.
나는 계약서의 주요 내용을 안다.

* 合同 hétong 계약(서)

这本书主要写的是关于怎样学习的
Zhè běn shū zhǔyào xiě de shì guānyú zěnyàng xuéxí de
方法。
fāngfǎ.
이 책에서 주로 쓴 것은 어떻게 공부하는지에 관한 방법이다.

清楚
qīngchu

(형) 분명하다, 뚜렷하다

我看不清楚黑板上的字。
Wǒ kàn bu qīngchu hēibǎn shàng de zì.
나는 칠판 글씨가 잘 안 보인다.

照片拍得很清楚，你的照相技术不错
Zhàopiàn pāi de hěn qīngchu, nǐ de zhàoxiàng jìshù búcuò
啊！
a!
사진을 아주 선명하게 찍었네, 너 사진 찍는 기술이 훌륭하구나!

* 照相 zhàoxiàng 사진(을 찍다)
* 技術 jìshù 기술

开始
kāishǐ

(동) 시작하다　(명) 처음, 시작

今年九月份，他开始大学生活。
Jīnnián jiǔ yuèfèn, tā kāishǐ dàxué shēnghuó.
올해 9월에 그는 대학 생활을 시작하였다.

开始他不同意，但后来就同意了。
Kāishǐ tā bù tóngyì, dàn hòulái jiù tóngyì le.
처음에 그는 동의하지 않았지만 나중에 동의하였다.

结束
jiéshù

(동) 끝나다, 마치다

会议结束了，大家走出了会议室。
Huìyì jiéshù le, dàjiā zǒuchū le huìyìshì.
회의가 끝나서 모두 회의실을 나갔다.

这次考试结束了，我考得很好。
Zhè cì kǎoshì jiéshù le, wǒ kǎo de hěn hǎo.
이번 시험이 끝났는데 나는 시험을 잘 봤다.

容易
róngyì

(형) 쉽다

这件事对我来说，是很容易的事情。
Zhè jiàn shì duì wǒ lái shuō, shì hěn róngyì de shìqíng.
이 일은 나에게는 아주 쉬운 일이다.

这些题对我来说太容易了，十分钟就
Zhè xiē tí duì wǒ lái shuō tài róngyì le, shí fēnzhōng jiù

做完了。
zuòwán le.
이 문제들은 나에게는 너무 쉬워서 10분만에 다 했다.

简单
jiǎndān

(형) 간단하다

这件事很简单，一会儿就办好。
Zhè jiàn shì hěn jiǎndān, yíhuìr jiù bànhǎo.
이 일은 간단해서 금방 다 할 수 있다.

* 一会儿(就) yíhuìr (jiù)　곧, 잠깐 사이에, 조금 이따가

174

西红柿鸡蛋汤的做法很简单，一点儿
Xīhóngshì Jīdàntāng de zuòfǎ hěn jiǎndān, yìdiǎr

也不复杂。
yě bú fùzá.

토마토 계란탕의 조리법은 간단하며 조금도 복잡하지 않다.

* 西红柿 xīhóngshì 토마토
* 做法 zuòfǎ (일처리나 물건을 만드는) 방법, (하는) 방법

难
nán

(형) 어렵다

我觉得汉字很难写。
Wǒ juéde hànzì hěn nán xiě.

나는 한자를 쓰는 것이 어렵다고 생각한다.

这些题很难，你帮我解释一下好吗？
Zhè xiē tí hěn nán, nǐ bāng wǒ jiěshì yíxià hǎo ma?

이 문제들은 너무 어려운데 네가 설명 좀 해줄 수 있겠니?

* 解释 jiěshì 해석(해설)하다, 설명하다

错
cuò

(형) 틀리다, 맞지 않다

这不是你的错，你不用道歉。
Zhè búshì nǐ de cuò, nǐ búyòng dàoqiàn.

이건 네 잘못이 아니니까 네가 사과할 필요가 없다.

* 不用 búyòng ～할 필요가 없다
* 道歉 dàoqiàn 사과하다

你认错人了，我不是你要找的人。
Nǐ rèncuò rén le, wǒ búshì nǐ yào zhǎo de rén.

당신이 사람을 잘못 보았네요, 나는 당신이 찾는 사람이 아닙니다.

* 认错 rèncuò 잘못 알다, 잘못 인식하다

15 대화와 사회생활

(1) 대화

소개와 인사

☐ 遇到	yùdào	만나다	☐ 叫	jiào	~라고 부르다
☐ 见面	jiàn miàn	만나다, 대면하다	☐ 告诉	gàosu	알리다, 말하다
☐ 介绍	jièshào	소개하다	☐ 表示	biǎoshì	나타내다, 표시하다
☐ 名字	míngzi	이름	☐ 欢迎	huānyíng	환영하다
☐ 姓名	xìngmíng	성명	☐ 再见	zàijiàn	잘 가, 안녕히 계십시오(가십시오)
☐ 姓	xìng	성(이 ~이다)			

遇到
yùdào

(동) ① (길에서 사람을 우연히) 만나다, 마주치다
② (어려움이나 문제 등을) 겪다, 부딪히다

我经常在路上遇到他，我们互相打
Wǒ jīngcháng zài lùshang yùdào tā, wǒmen hùxiāng dǎ
招呼。
zhāohu.
나는 자주 길에서 그를 만나는데 우리는 서로 인사를 한다.

* 互相 hùxiāng 서로
* 打招呼 zhāohu (말이나 행동으로) 인사하다

做作业遇到困难时，我能帮助你。
Zuò zuòyè yùdào kùnnan shí, wǒ néng bāngzhù nǐ.
숙제하는데 어려움이 있으면 내가 너를 도와줄 수 있어.

* 困难 kùnnan 곤란, 어려움, 애로 / 어렵다, 곤란하다

见面
jiàn miàn

(동) 만나다, 대면하다

我们下午在公园见面吧。
Wǒmen xiàwǔ zài gōngyuán jiàn miàn ba.
우리 오후에 공원에서 만나자.

我们有三年没见面了。
Wǒmen yǒu sān nián méi jiàn miàn le.
우리는 3년 만에 만났다.

보카 활용포인트

동사 '见面'은 동사 '见(보다)'와 목적어 '面(얼굴)'으로 나뉠 수 있는 이합동사(离合动词)이므로 뒤에 목적어를 또 쓸 수 없습니다.

介绍
jièshào

(동) 소개하다

请自我介绍一下。
Qǐng zìwǒ jièshào yíxià.
자기소개를 좀 해 주세요.

* 自我 zìwǒ 자기자신

我准备给你妹妹介绍个男朋友。
Wǒ zhǔnbèi gěi nǐ mèimei jièshào ge nán péngyou.
나는 네 여동생에게 남자친구 한 명을 소개해주려고 한다.

名字
míngzi

(명) 이름

他在纸上写下了自己的名字。
Tā zài zhǐ shàng xiěxià le zìjǐ de míngzi.
그는 종이 위에 자신의 이름을 썼다.

我姓李，名字叫珍珠，你叫什么名字？
Wǒ xìng Lǐ, míngzi jiào ZhēnZhū, nǐ jiào shénme míngzi?
나는 이 씨이고 이름은 진주야, 너는 이름이 뭐니?

姓名
xìngmíng

(명) 성명, 성함, 성과 이름

在美国人的姓名中，一般姓写在后面。
Zài Měiguórén de xìngmíng zhōng, yìbān xìng xiě zài hòumiàn.
미국인의 이름 중에서 보통 성은 뒤쪽에 쓴다.

* 一般 yìbān 일반적이다, 보통이다

请在这张表格里填上你的姓名。
Qǐng zài zhè zhāng biǎogé li tián shàng nǐ de xìngmíng.
이 양식에 당신의 성함을 쓰세요.

* 表格 biǎogé 양식, 서식
* 填 tián 기입하다, 써 넣다

姓
xìng

(명/동) 성(이 ~이다), 성을 ~로 하다

我姓李，你姓什么？
Wǒ xìng Lǐ, nǐ xìng shénme?
나는 이 씨인데 너는 성이 뭐니?

韩国人姓金和姓李的最多。
Hánguórén xìng Jīn hé xìng Lǐ de zuì duō.
한국인은 김 씨와 이 씨가 가장 많다.

叫
jiào

(동) (이름이나 호칭을) ~라고 부르다, ~이다

这种花很美丽，你知道它叫什么名字？
Zhè zhǒng huā hěn měilì, nǐ zhīdào tā jiào shénme míngzi?
이 꽃은 매우 아름답네요, 당신은 이 꽃의 이름이 뭔지 아세요?

我叫李英爱，他叫金永志，我们来自
Wǒ jiào LǐYīng'ài, tā jiào JīnYǒngzhì, wǒmen láizì

韩国首尔。
Hánguó Shǒu'ěr.
나는 이영애이고, 그는 김영지인데 우리는 한국 서울에서 왔다.

* 来自 láizì ~에서 (~로부터) 오다

告诉
gàosu

(동) 알리다, 말하다

你能告诉我交通银行在哪里吗？
Nǐ néng gàosu wǒ jiāotōng yínháng zài nǎli ma?
네가 나한테 교통은행이 어딘지 말해줄 수 있니?

小李告诉我们：明天上午可能有雨，
Xiǎolǐ gàosu wǒmen : míngtiān shàngwǔ kěnéng yǒu yǔ,

别忘了带雨伞。
bié wàng le dài yǔsǎn.
샤오리가 우리에게 내일 오전에 비가 올 것 같으니까 우산 가지고 가는 것을 잊지 말라고 알려 주었다.

> **보카 활용포인트**
> 동사 '告诉' 뒤에는 다음과 같이 목적어가 2개옵니다.
> : 주어 + **告诉** + 대상(사람) + 알려주는 내용
>   └→ 목적어1   └→ 목적어2

表示
biǎoshì

(동) 나타내다, 표시하다

他向我表示道歉。
Tā xiàng wǒ biǎoshì dàoqiàn.
그는 나한테 사과를 표했다.

* 道歉 dàoqiàn 사과하다, 사죄하다

我对他的帮助表示感谢。
Wǒ duì tā de bāngzhù biǎoshì gǎnxiè.
나는 그의 도움에 대해 감사를 표시했다.

* 感谢 gǎnxiè 감사하다, 고맙게 여기다

> **보카 활용포인트**
> 동사 '表示'는 '말이나 행동으로 자신의 생각, 감정, 태도, 입장 등을 표시하
> 다, 표(현)하다'는 뜻입니다.
> (1) 表示(欢迎 환영 / 感谢 감사 / 谢意 xièyì 감사의 뜻 / 道歉 사과 /
>   态度 tàidu 태도)
> (2) '어떤 사람(대상)한테 표시하다'는 뜻인 경우 전치사 '向 xiàng'과 함께
>   씁니다.
>   : 주어 + [向(전) + 명사/대명사] + 表示 + 목적어。
>   └→ 사람, 대상
> (3) '어떤 일에 대해서 표시하다'는 뜻인 경우 전치사 '对 duì'와 함께 씁니다.
>   : 주어 + [对(전) + 명사/대명사] + 表示 + 목적어。
>   └→ 일

欢迎
huānyíng

(동) 환영하다

他很受大家的欢迎。
Tā hěn shòu dàjiā de huānyíng.
그는 모두의 환영을 많이 받았다.

* 受 shòu (주로 추상적인 것을) 받다

我们非常欢迎外国朋友来中国旅游。
Wǒmen fēicháng huānyíng wàiguó péngyou lái Zhōngguó
lǚyóu.
우리는 외국 친구들이 중국으로 여행 오는 것을 매우 환영합니다.

* 旅游 lǚyóu 여행하다

再见
zàijiàn

(동) 잘 가, 또 만나자, 안녕히 계십시오(가십시오)

再见，欢迎下次再来！
Zàijiàn, huānyíng xià cì zài lái!
안녕히 가세요, 다음에 또 오세요!

他站在门口送我，对我说："再见，请
Tā zhàn zài ménkǒu sòng wǒ, duì wǒ shuō: "Zàijiàn, qǐng

走好！"
zǒuhǎo!"
그는 입구에 서서 나를 배웅하며 나에게 "안녕, 잘 가!"하고 말했다.

* 门口 ménkǒu 입구, 현관
* 走好 zǒuhǎo 잘 가십시오, 안녕히 가십시오

보카 활용 포인트
'再见'은 다시 만날 기일을 말하지 않고 서로 헤어질 때 하는 인사입니다.

기원·축하·감사·사과

☐ 节日 jiérì	명절	☐ 信 xìn	편지
☐ 生日 shēngrì	생일	☐ 送 sòng	보내다, 선물하다
☐ 结婚 jié hūn	결혼하다	☐ 给 gěi	(~에게 …을) 주다
☐ 祝 zhù	빌다, 기원하다	☐ 谢谢 xièxie	감사하다
☐ 希望 xīwàng	희망(하다), 바라다	☐ 不客气 búkèqi	원 별말씀을요
☐ 愿意 yuànyì	~하기를 바라다	☐ 当然 dāngrán	당연하다
☐ 祝贺 zhùhè	축하하다	☐ 对不起 duìbuqǐ	미안하다
☐ 礼物 lǐwù	선물	☐ 没关系 méiguānxi	괜찮다

节日 jiérì	**(명) 명절** 春节是中国最重要的节日。 Chūnjié shì Zhōngguó zuì zhòngyào de jiérì. 설은 중국에서 가장 중요한 명절이다. 你们国家都有哪些节日？ Nǐmen guójiā dōu yǒu nǎ xiē jiérì? 당신 나라에는 어떤 명절들이 있습니까?
生日 shēngrì	**(명) 생일** 我今年30岁，已经过了30个生日。 Wǒ jīnnián sān'shí suì, yǐjing guò le sān'shí ge shēngrì. 나는 올해 30세로 이미 생일을 서른 번 지냈다. 生日快乐！这是我给你买的礼物， Shēngrì kuàilè! Zhè shì wǒ gěi nǐ mǎi de lǐwù, 喜欢不喜欢？ xǐhuan bù xǐhuan? 생일 축하해! 이건 내가 너에게 사주는 선물인데 마음에 드니?
结婚 jié hūn	**(동) 결혼하다** 你们结婚的日子选好了吗？ Nǐmen jié hūn de rìzi xuǎnhǎo le ma? 너희들 결혼 날짜 잡았어? * 选 xuǎn 선택하다, 고르다 我下个月结婚，请朋友参加婚礼。 Wǒ xià ge yuè jié hūn, qǐng péngyou cānjiā hūnlǐ. 나는 다음 달에 결혼하는데 친구들을 결혼식에 초대할 것이다.
祝 zhù	**(동) ① 빌다, 기원하다, 축원하다 ② 축하하다, 축복하다** 祝你身体健康！ Zhù nǐ shēntǐ jiànkāng! 당신의 건강을 기원합니다! 祝你新婚快乐！ Zhù nǐ xīnhūn kuàilè! 당신의 신혼을 축하드립니다!

* 新婚 xīnhūn 신혼(의)

希望
xīwàng

(동) 희망하다, 바라다 (명) 바람, 희망

我希望明天是个好天气。
Wǒ xīwàng míngtiān shì ge hǎo tiānqì.
나는 내일 날씨가 좋기를 바란다.

我希望能成为一名老师，这是我唯一
Wǒ xīwàng néng chéngwéi yì míng lǎoshī, zhè shì wǒ wéiyī

的希望。
de xīwàng.
나는 선생님이 될 수 있기를 바라는데 이것은 내 유일한 희망이다.

* 成为 chéngwéi ～이 되다, ～(으)로 되다
* 唯一 wéiyī 유일한, 하나밖에 없는

愿意
yuànyì

(조동) ～하기를 바라다, ～하기를 원하다 (동) 희망하다

他们愿意我在这里工作。
Tāmen yuànyì wǒ zài zhèlǐ gōngzuò.
그들은 내가 여기에서 일하기를 바란다.

你愿意去哪家公司工作？
Nǐ yuànyì qù nǎ jiā gōngsī gōngzuò?
너는 어느 회사에서 일하고 싶니?

> **보카 활용 포인트**
> (1) '愿意'는 동사서술어로 쓰이는 경우 목적어 자리에 주술구조가 오고 이
>   경우 '希望'과 바꾸어 쓸 수 있습니다.
>   : 주어₁ + 愿意 + 주어₂ + 서술어₂。
>   └→ 동사서술어₁   └→ 주술구조 목적어
> (2) '愿意'는 동사서술어 앞에서 조동사로도 쓰입니다.
>   : 주어₁ + 愿意 + 동사서술어 + 목적어。
>   └→ 조동사

祝贺
zhùhè

(동) 축하하다

祝贺你成功！
Zhùhè nǐ chénggōng!
당신의 성공을 축하드립니다!

我们祝贺他生日快乐。
Wǒmen zhùhè tā shēngrì kuàilè.
우리는 그의 생일을 축하했다.

礼物
lǐwù

(명) 선물

我收到了礼物，感到很高兴。
Wǒ shōudào le lǐwù, gǎndào hěn gāoxìng.
나는 선물을 받고 매우 기뻤다.

* 收到 shōudào 받다, 얻다, 수령하다

这件礼物是朋友送给我的。
Zhè jiàn lǐwù shì péngyou sònggěi wǒ de.
이 선물은 친구가 나한테 선물한 것이다.

> **보카 활용포인트**
> '件'은 '礼物(선물), 衣服(옷), 事(일)'을 세는 단위입니다.

信
xìn

(명) 편지

他最近很忙，没时间给我写信。
Tā zuìjìn hěn máng, méi shíjiān gěi wǒ xiě xìn.
그는 요즘에 너무 바빠서 나한테 편지 쓸 시간이 없다.

我打算下午去邮局给朋友寄信。
Wǒ dǎsuan xiàwǔ qù yóujú gěi péngyou jì xìn.
나는 오후에 우체국에 가서 친구한테 편지를 부칠 예정이다.

送
sòng

(동) ① 보내다, 배달하다, 전송하다
② 바래다주다, 배웅하다
③ (물건 등을) 선물하다, 주다

明天你去送女儿去幼儿园吧，我要早
Míngtiān nǐ qù sòng nǚ'ér qù yòu'éryuán ba, wǒ yào zǎo
点儿去公司。
diǎr qù gōngsī.
내일은 당신이 딸을 유치원에 바래다주세요, 나는 좀 일찍 회사에 가
야 되거든요.

* 幼儿园 yòu'éryuán 유치원

他送给我的礼物很特别，是一条黑色
Tā sònggěi wǒ de lǐwù hěn tèbié, shì yì tiáo hēisè

的珍珠项链。
de zhēnzhū xiàngliàn.

그가 내게 준 선물은 매우 특이한데 흑진주 목걸이이다.

* 特别 tèbié 특별하다, 특이하다 / 특히, 유달리, 아주
* 珍珠 zhēnzhū 진주
* 项链 xiàngliàn 목걸이

给
gěi

(전/동) (〜에게 …을) 주다

他给爱人写一封情书。
Tā gěi àiren xiě yì fēng qíngshū.

그는 아내에게 연애편지 한 통을 썼다.

* 情书 qíngshū 연애편지, 러브레터

妈妈给我一百元钱，让我去买东西。
Māma gěi wǒ yì bǎi yuán qián, ràng wǒ qù mǎi dōngxi.

엄마는 나에게 100위안을 주시면서 물건을 사러 가라고 하셨다.

> **보카 활용포인트**
> (1) '给'는 문장 중에 서술어가 없으면 서술어로 쓰입니다. 이 경우 목적어는 2개가 오며, 그중에서 목적어₂는 구체적인 것과 추상적인 것이 모두 올 수 있습니다.
> : 주어 + 给 + 대상 + 대상에게 주는 것
> 　　　　└ 동사 └ 목적어₁ └ 목적어₂ (구체적, 추상적)
> (2) '给'는 문장 중에 서술어가 있으면 서술어 앞의 전치사로 쓰입니다. 이 경우 给는 대상에 해당하는 '명사/대명사'와 함께 전치사 구를 이룹니다.
> : 주어 + [给 + 명사/대명사] + 동사서술어 + 목적어。
> 　　　　└ 전치사 └ 대상 └ 주는 내용

谢谢
xièxie

(동) 감사하다, 고맙다

谢谢你的帮助！
Xièxie nǐ de bāngzhù!

당신의 도움에 감사드립니다.

她流着眼泪对我说谢谢。
Tā liúzhe yǎnlèi duì wǒ shuō xièxie.

그녀는 눈물을 흘리며 나에게 고맙다고 말했다.

* 流 liú (물·액체가) 흐르다
* 眼泪 yǎnlèi 눈물

不客气
búkèqi

(명) ① 원 별말씀을요, 천만에요 ② 무례하다, 버릇없다

A: 谢谢你的帮助。
Xièxiè nǐ de bāngzhù.
도와주셔서 감사합니다.

B: 不客气, 这是我应该做的。
Búkèqi, zhè shì wǒ yīnggāi zuò de.
별 말씀을 요, 이것은 제가 당연히 해야 되는 일인걸요.

你再这样做, 我就不客气了!
Nǐ zài zhèyàng zuò, wǒ jiù búkèqi le!
네가 또 이런 식으로 한다면 나도 무례하게 대하겠어!

当然
dāngrán

(형/부) 당연하다 / 당연히

你能来, 我当然欢迎了。
Nǐ néng lái, wǒ dāngrán huānyíng le.
네가 올 수 있다면 나는 당연히 환영한다.

我考试不及格, 心情不好是当然的。
Wǒ kǎoshì bù jígé, xīnqíng bù hǎo shì dāngrán de.
나는 시험에 불합격했는데 기분이 안 좋은 것은 당연한 것이다.

对不起
duìbuqǐ

(동) 미안하다

他还没完成工作, 跟我说对不起。
Tā hái méi wánchéng gōngzuò, gēn wǒ shuō duìbuqǐ.
그는 아직 일을 다 끝내지 못해서 나에게 미안하다고 말했다.

A: 对不起, 是我错了, 你能原谅我吗?
Duìbuqǐ, shì wǒ cuò le, nǐ néng yuánliàng wǒ ma?
죄송합니다, 제가 잘못했어요, 당신이 저를 용서해주실 수 있으세요?

B: 没关系, 下次注意就行了。
Méiguānxi, xià cì zhùyì jiù xíng le.
괜찮아요, 다음에 주의하시면 되지요.

没关系
méiguānxi

(동) ① 괜찮다, 문제없다　② 관계가 없다

你可以这样做，我怎样都没关系。
Nǐ kéyǐ zhèyàng zuò, wǒ zěnyàng dōu méi guānxi.
네가 이렇게 해도 돼, 나는 어떻게 하든 다 괜찮아.

＊ 怎样 zěnyàng 어떻게

我跟这件事没什么关系，你不要怪我。
Wǒ gēn zhè jiàn shì méi shénme guānxi, nǐ bú yào guài wǒ.
나는 이 일과 관계가 없으니까 너는 나를 탓하지 마라.

＊ 怪 guài 책망하다, 원망하다

필요·부탁·요구·도움·승낙

☐ 需要	xūyào	필요(로 하다), 요구, 수요	☐ 回答	huídá	대답하다
☐ 请	qǐng	부탁하다, 요청하다	☐ 同意	tóngyì	동의(하다)
☐ 要求	yāoqiú	요구(하다)	☐ 可以	kěyǐ	~해도 된다
☐ 帮忙	bāng máng	일(손)을 돕다			
☐ 帮助	bāngzhù	도와주다			

需要
xūyào

(동) 필요로 하다　(명) 수요, 필요, 욕구, 요구

你需要什么样的衣服？是长一点的
Nǐ xūyào shénmeyàng de yīfu? Shì cháng yìdiǎn de

还是短一点的？
háishi duǎn yìdiǎn de?
어떤 스타일의 옷이 필요하세요? 좀 긴 옷이요 아니면 좀 짧은 옷이요?

因为工作的需要，我去北京出差。
Yīnwèi gōngzuò de xūyào, wǒ qù Běijīng chūchāi.
일(에 대한 필요) 때문에 나는 북경에 출장을 간다.

请
qǐng

(동) 부탁하다, 요청하다, (상대가 어떤 일을 하기 바라는 의미로) ~하세요

欢迎光临，请里面坐。
Huānyíng guānglín, qǐng lǐmiàn zuò.
어서 오세요, 안쪽으로 들어오셔서 앉으십시오.

* 欢迎 huānyíng 환영하다
* 光临 guānglín 왕림(하다), 오다

请不要把这件事情告诉他。
Qǐng búyào bǎ zhè jiàn shìqing gàosu tā.
이 일을 그에게 말하지 마세요.

보카 활용포인트
'请'은 상대방에게 어떤 일을 부탁하거나 권할 때 쓰는 경어로 보통 문장 맨 앞에 쓰는 경우가 많습니다.

要求
yāoqiú

(명/동) 요구(하다)

你还有什么要求，请说出来。
Nǐ hái yǒu shénme yāoqiú, qǐng shuō chūlái.
무슨 요구하실 것이 또 있으면 말씀해 주세요.

机场工作人员要求我们拿出护照。
Jīchǎng gōngzuò rényuán yāoqiú wǒmen náchū hùzhào.
공항직원이 우리한테 여권을 꺼내라고 요구했다.

* 工作人员 gōngzuò rényuán 직원

帮忙
bāng máng

(동) 일(손)을 돕다, 도움을 주다

老师给我帮了一次忙。
Lǎoshī gěi wǒ bāng le yí cì máng.
선생님은 나를 한 번 도와 주셨다.

我遇到困难时，他总是帮我的忙。
Wǒ yùdào kùnnan shí, tā zǒngshì bāng wǒ de máng.
내가 어려움을 겪을 때 마다 그는 늘 나를 도와준다.

* 遇到困难 yùdào kùnnan 어려움을 겪다, 당하다

帮助
bāngzhù

(동) 도와주다 (명) 도움

他经常帮助我学习汉语。
Tā jīngcháng bāngzhù wǒ xuéxí Hànyǔ.
그는 자주 내가 중국어 공부하는 것을 도와준다.

朋友对我的帮助，给了我很大的信心。
Péngyou duì wǒ de bāngzhù, gěi le wǒ hěn dà de xìnxīn.
친구의 도움은 내게 매우 큰 자신감을 주었다.

* 信心 xìnxīn 자신, 확신, 신념

보카 활용포인트

'帮忙'과 '帮助'는 둘 다 '돕다'는 뜻입니다.

(1) 의미상 '帮忙'은 다른 사람이 어려움에 처했을 때 구체적인 어떤 일(忙)을 돕는다는 것을 의미하고, '帮助'는 정신적, 물질적으로 돕는다는 뜻으로 구체적이지 않은 도움에도 쓸 수 있습니다.

(2) 형태상 '帮忙'은 동사 '帮(돕다)' 뒤에 목적어 '忙(바쁜 것, 급한 것)'이 함께 쓰인 이합동사(离合动词)이므로 뒤에 다시 목적어를 쓸 수 없지만 '帮助'는 뒤에 목적어를 함께 써야 합니다.

: 我 / 帮忙 // 他 / (学 / 外语)。(×)
└ 주어 └ 동사   └ 목적어 └ 목적어2

我帮他的忙。 나는 그를 도왔다. (○)
我给他帮忙。 나는 그를 도와주었다. (○)
我帮过他几次忙。 나는 그를 몇 번 도운 적이 있다. (○)

我 / 帮助 // 他 / (学 / 外语)。 [목적어2는 생략이 가능함]
└ 주어 └ 동사   └ 목적어 └ 목적어2

나는 그가 외국어 공부하는 것을 도와주었다.

回答
huídá

(동) 대답하다

他对我的回答表示满意。
Tā duì wǒ de huídá biǎoshì mǎnyì.
그는 내 대답에 대해 만족스러움을 표시했다.

我喊了她三遍，都没有回答。
Wǒ hǎn le tā sān biàn, dōu méi yǒu huídá.
내가 그녀를 세 번 불렀지만 모두 대답이 없다.

* 喊 hǎn (사람을 큰 소리로) 부르다

同意
tóngyì

(명/동) 동의(하다)

大家同意你的观点。
Dàjiā tóngyì nǐ de guāndiǎn.
모두들 네 관점에 동의한다.

* 观点 guāndiǎn 관점, 입장

妈妈同意了我养小狗。
Māma tóngyì le wǒ yǎng xiǎogǒu.
엄마는 내가 강아지를 기르는 것에 동의하셨다.

可以
kěyǐ

(조동사) ① ～해도 된다 ② ～할 수 있다

饭做好了，你可以吃了。
Fàn zuòhǎo le, nǐ kěyǐ chī le.
밥이 다 되었으니 너는 먹어도 된다.

你可以翻译这本英文小说吗?
Nǐ kěyǐ fānyì zhè běn Yīngwén xiǎoshuō ma?
당신은 이 영문 소설을 번역할 수 있어요?

* 翻译 fānyì 번역(하다), 통역(하다)

> **보카 활용 포인트**
> '可以'는 '～해도 된다'는 허락의 의미를 나타내지만 '～할 수 있다'는 가능을 의미할 때에는 '能'과 바꾸어 쓸 수 있습니다.

(2) 사회생활

역사·문화·뉴스

☐	历史	lìshǐ	역사	☐	事情	shìqing	일
☐	文化	wénhuà	문화	☐	故事	gùshi	이야기
☐	新闻	xīnwén	뉴스	☐	变化	biànhuà	변화
☐	报纸	bàozhǐ	신문	☐	影响	yǐngxiǎng	영향(을 주다, 받다)

历史
lìshǐ

(명) 역사

我想了解中国的文化和历史。
Wǒ xiǎng liǎojiě Zhōngguó de wénhuà hé lìshǐ.
나는 중국문화와 역사를 알고 싶다.

小时候，奶奶经常给我讲历史故事。
Xiǎo shíhou, nǎinai jīngcháng gěi wǒ jiǎng lìshǐ gùshi.
어릴 때 할머니는 자주 나한테 역사 이야기를 해주셨다.

文化
wénhuà

(명) 문화

每个国家的文化都不一样。
Měi ge guójiā de wénhuà dōu bù yíyàng.
각국의 문화는 모두 다르다.

中国文化是世界上最古老的文化之一。
Zhōngguó wénhuà shì shìjiè shàng zuì gǔlǎo de wénhuà zhī yī.
중국문화는 세계에서 가장 오래된 문화 중의 하나이다.

* 古老 gǔlǎo 오래되다

新闻
xīnwén

(명) ① (신문이나 방송 따위의) 뉴스 ② 새 소식

电视新闻每天晚上八点钟开始。
Diànshì xīnwén měitiān wǎnshang bā diǎnzhōng kāishǐ.
TV 뉴스는 매일 저녁 8시에 시작한다.

* 开始 kāishǐ 시작하다

最近有什么新闻发生吗?
Zuìjìn yǒu shénme xīnwén fāshēng ma?
요즘 무슨 새로운 소식이 있나요?

* 发生 fāshēng 발생하다, 생기다

报纸
bàozhǐ

(명) 신문

那个男孩儿每天都给他奶奶读报纸。
Nà ge nánhár měitiān dōu gěi tā nǎinai dú bàozhǐ.
그 남자아이는 매일 그의 할머니께 신문을 읽어드린다.

你今天从报纸上读到什么内容?
Nǐ jīntiān cóng bàozhǐ shàng dúdào shénme nèiróng?
너는 오늘 신문에서 무슨 내용을 읽었니?

事情
shìqing

(명) 일

我有非常有趣的事情告诉你。
Wǒ yǒu fēicháng yǒuqù de shìqing gàosu nǐ.
나는 너한테 말해줄 아주 재미있는 일이 있다.

* 有趣 yǒuqù 재미있다, 흥미있다

她对这件事情什么也没有说。
Tā duì zhè jiàn shìqing shénme yě méi yǒu shuō.
그녀는 이 일에 대해서 아무 말도 하지 않았다.

故事
gùshi

(명) 이야기

这是一本关于战争的故事书。
Zhè shì yì běn guānyú zhànzhēng de gùshi shū.
이것은 전쟁에 관한 이야기책이다.

* 战争 zhànzhēng 전쟁

我听朋友讲过这个故事，你听过吗？
Wǒ tīng péngyou jiǎngguo zhè ge gùshi, nǐ tīngguo ma?
나는 친구한테 이 이야기를 들었는데 너는 들어본 적이 있니?

变化
biànhuà

(명) 변화

20年过去了，中国发生了很大的变化。
Èr'shí nián guòqù le, Zhōngguó fāshēng le hěn dà de biànhuà.
20년이 지났고, 중국에는 매우 큰 변화가 생겼다.

你可以跟我说你们学校最近的变化吗？
Nǐ kěyǐ gēn wǒ shuō nǐmen xuéxiào zuìjìn de biànhuà ma?
네가 나한테 너희 학교 최근의 변화를 말해줄 수 있겠니?

影响
yǐngxiǎng

(명) 영향 **(동)** (주로 좋지 않은) 영향을 주다(받다)

大雨影响了飞机起飞。
Dà yǔ yǐngxiǎng le fēijī qǐfēi.
폭우는 비행기 이륙에 지장을 주었다.

* 起飞 qǐfēi (비행기가) 이륙하다

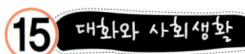
虽然手机有一些好处，可是它也有坏
Suīrán shǒujī yǒu yìxiē hǎochu, kěshì tā yě yǒu huài

影响。
yǐngxiǎng.

비록 핸드폰은 장점들이 있지만 나쁜 영향도 있다.

爸爸是个画家，他受到了很多影响。
Bàba shì ge huàjiā, tā shòudào le hěn duō yǐngxiǎng.

아버지는 화가이신데 그는 많은 영향을 받았다.

대인관계

☐ 关系 guānxi	관계	☐ 机会 jīhuì	기회
☐ 有名 yǒumíng	유명하다	☐ 借 jiè	빌리다, 빌려 주다
☐ 办法 bànfǎ	방법	☐ 还 huán	돌려주다

关系
guānxi

(명) 관계, 사이

我和他是学生和老师的关系。
Wǒ hé tā shì xuésheng hé lǎoshī de guānxi.

나와 그는 사제지간이다.

我们家和邻居关系相处得很好。
Wǒmen jiā hé línjū guānxi xiāngchǔ de hěn hǎo.

우리 집과 이웃은 사이가 매우 좋다.

* 相处 xiāngchǔ 함께 살다, 함께 지내다

有名
yǒumíng

(형) 유명하다

这幅画画的是一个很有名的地方。
Zhè fú huà huà de shì yí ge hěn yǒumíng de dìfang.

이 그림에 그려진 곳은 매우 유명한 곳이다.

* 幅 fú ~폭, 너비 [옷, 종이, 그림 따위를 세는 양사]
* 画 huà 그림 / (그림을) 그리다

我的哥哥在中国是一位有名的医生。
Wǒ de gēge zài Zhōngguó shì yí wèi yǒumíng de yīshēng.
우리 오빠는 중국에서 유명한 의사이다.

办法
bànfǎ

(명) 방법

我们正在想办法，今天应该可以解决。
Wǒmen zhèngzài xiǎng bànfǎ, jīntiān yīnggāi kěyǐ jiějué.
우리가 지금 방법을 생각하는 중이니까 오늘 해결할 수 있을 것이다.

* 正在 zhèngzài 지금(마침) ~하고 있는 중이다 [동작이나 행위가 진행 중임을 나타냄]
* 解决 jiějué 해결하다

你能告诉我解决问题的办法吗?
Nǐ néng gàosu wǒ jiějué wèntí de bànfǎ ma?
네가 나한테 문제를 해결하는 방법을 알려줄 수 있니?

机会
jīhuì

(명) 기회

我一定能抓住这个好机会。
Wǒ yídìng néng zhuāzhu zhè ge hǎo jīhuì.
나는 반드시 이 좋은 기회를 잡을 수 있다.

* 一定 yídìng 반드시, 꼭
* 抓住 zhuāzhu (기회를) 잡다

他有机会来中国学习汉语。
Tā yǒu jīhuì lái Zhōngguó xuéxí Hànyǔ.
그는 중국에 와서 중국어를 배울 기회가 있다.

借
jiè

(동) 빌리다, 빌려주다

我想借一辆自行车出去玩儿。
Wǒ xiǎng jiè yí liàng zìxíngchē chūqu wár.
나는 자전거 한 대를 빌려서 놀러 가고 싶다.

您能借我十块钱吗? 我明天还给你。
Nín néng jiè wǒ shí kuài qián ma? Wǒ míngtiān huángěi nǐ.
당신은 제게 10위안을 빌려줄 수 있나요? 제가 내일 돌려 드릴게요.

还
huán

(동) 돌려주다, 반납하다

她把笔记本电脑还给我。
Tā bǎ bǐjìběn diànnǎo huángěi wǒ.
그녀는 노트북을 나한테 돌려주었다.

* 笔记本电脑 bǐjìběn diànnǎo 노트북

我打算今天还给图书馆一本书。
Wǒ dǎsuan jīntiān huángěi túshūguǎn yì běn shū.
나는 오늘 도서관에 책 한 권을 반납할 예정이다.

16 회사생활

(1) 회사

 회사

☐ 公司	gōngsī	회사	☐ 办公室	bàngōngshì	사무실
☐ 上班	shàngbān	출근하다	☐ 当	dāng	~이 되다
☐ 迟到	chídào	지각하다, 늦다	☐ 经理	jīnglǐ	사장, 매니저
☐ 下班	xià bān	퇴근하다	☐ 同事	tóngshì	(직장)동료

公司
gōngsī

(명) 회사

我以前住的地方离公司太远。
Wǒ yǐqián zhù de dìfang lí gōngsī tài yuǎn.
내가 전에 살던 곳은 회사에서 너무 멀었다.

他和朋友一起开了一家公司，工作
Tā hé péngyou yìqǐ kāi le yì jiā gōngsī, gōngzuò
特别忙。
tèbié máng.
그는 친구와 함께 회사를 차렸는데 일이 매우 바쁘다.

上班
shàng bān

(동) 출근하다

我们公司早上九点上班，下午五点
Wǒmen gōngsī zǎoshang jiǔ diǎn shàng bān, xiàwǔ wǔ diǎn
下班。
xià bān.
우리 회사는 아침 9시에 출근하고 오후 5시에 퇴근한다.

我父亲在一家银行上班，我的母亲在
Wǒ fùqīn zài yì jiā yínháng shàng bān, wǒ de mǔqīn zài
一家书店上班。
yì jiā shūdiàn shàng bān.
우리 아버지는 은행에 출근하시고 우리 어머니는 서점에 출근한다.

迟到
chídào

(동) 지각하다, 늦다, 연착하다

他上学从不迟到，是一个好学生。
Tā shàng xué cóng bù chídào, shì yí ge hǎo xuésheng.
그는 학교에 다니면서 여태껏 지각한 적이 없는 착한 학생이다.

* 从不 cóngbù 이제까지(여태껏) ~하지 않다

现在是五点一刻，你别担心，我们不
Xiànzài shì wǔ diǎn yí kè, nǐ bié dānxīn, wǒmen bú

会迟到。
huì chídào.
지금 5시 15분이잖니, 우리는 늦지 않을 거니까 걱정하지 마.

下班
xià bān

(동) 퇴근하다

你下班以后，和我一起看电影吧。
Nǐ xià bān yǐhòu, hé wǒ yìqǐ kàn diànyǐng ba.
너 퇴근하고 나서 나랑 같이 영화 보자.

他刚才打电话说今天加班，下班会很
Tā gāngcái dǎ diànhuà shuō jīntiān jiā bān, xià bān huì hěn

晚。
wǎn.
그는 방금 전화해서 오늘 야근한다고 했으니 퇴근이 매우 늦어질 것
이다.

* 加班 jiā bān 야근하다

办公室
bàngōngshì

(명) 사무실

我对办公室环境很满意。
Wǒ duì bàngōngshì huánjìng hěn mǎnyì.
나는 사무실 환경에 만족한다.

* 环境 huánjìng 환경

办公室里很安静，大家都在努力地工作。
Bàngōngshì li hěn ānjìng, dàjiā dōu zài nǔlì de gōngzuò.
사무실 안은 매우 조용하며 모두들 열심히 일하고 있다.

* 安静 ānjìng 조용하다

当
dāng

(동) (직무 따위를) 담당하다, (~의 일을) 맡다, ~이(가) 되다

他才25岁就当上了公司的总经理,
Tā cái èr'shí wǔ suì jiù dāngshàng le gōngsī de zǒngjīnglǐ,

真了不起!
zhēn liǎobuqǐ!

그는 겨우 25살에 회사의 사장이 되었는데 정말 대단하다!

* 了不起 liǎobuqǐ 대단하다, 뛰어나다, 훌륭하다

经理
jīnglǐ

(명) 사장, 매니저, 기업의 책임자

他在这家公司工作五年了, 现在已经
Tā zài zhè jiā gōngsī gōngzuò wǔ nián le, xiànzài yǐjīng

成为经理了。
chéngwéi jīnglǐ le.

그는 이 회사에서 일한지 5년이 되었는데 지금은 이미 사장이 되었다.

经理这几天去广州出差了, 没有在
Jīnglǐ zhè jǐ tiān qù GuǎngZhōu chūchāi le, méi yǒu zài

公司上班。
gōngsī shàng bān.

사장님은 요 며칠간 광저우로 출장을 가서 회사에 출근하지 않았다.

同事
tóngshì

(명) (직장)동료

公司来了一位新同事。
Gōngsī lái le yí wèi xīn tóngshì.

회사에 새로운 동료가 한 명 왔다.

我同事小张是一个很有趣的人, 经常
Wǒ tóngshì XiǎoZhāng shì yí ge hěn yǒuqù de rén, jīngcháng

和大家开玩笑。
hé dàjiā kāi wánxiào.

내 동료 샤오장은 재미있는 사람이라서 자주 사람들과 농담을 한다.

* 有趣 yǒuqù 재미있다, 흥미있다
* 开玩笑 kāi wánxiào 농담을 하다, 웃기다, 놀리다

(2) 업무 · 회의

업무·회의

☐ **工作** gōngzuò	일(하다)		☐ **复印** fùyìn	복사하다
☐ **忙** máng	바쁘다		☐ **会议** huìyì	회의
☐ **完** wán	완성하다, 끝마치다		☐ **举行** jǔxíng	개최하다, 열다
☐ **完成** wánchéng	완성하다, 완수하다		☐ **参加** cānjiā	참가하다
☐ **突出** tūchū	뚜렷하다, 두드러지다			

工作
gōngzuò

(명) 일, 작업, 업무　(동) 일하다

他是我的同事，我们在一起工作。
Tā shì wǒ de tóngshì, wǒmen zài yìqǐ gōngzuò.
그는 내 동료이고 우리는 같이 일을 한다.

听说你最近在找工作，怎么样了？
Tīng shuō nǐ zuìjìn zài zhǎo gōngzuò, zěnmeyàng le?
듣자하니 네가 요즘 일자리를 찾고 있다던데 어떻게 됐니?

忙
máng

(형) 바쁘다

他最近工作有点儿忙，没有时间学习。
Tā zuìjìn gōngzuò yǒudiǎr máng, méi yǒu shíjiān xuéxí.
그는 요즘 일이 좀 바빠서 공부할 시간이 없다.

妈妈今天很忙，你自己吃饭吧。
Māma jīntiān hěn máng, nǐ zìjǐ chī fàn ba.
엄마가 오늘 아주 바쁘니까 너 혼자 밥을 먹으렴.

完
wán

(동) 완성하다, 끝마치다

你的作业做完了吗？明天需要交作业。
Nǐ de zuòyè zuòwán le ma? Míngtiān xūyào jiāo zuòyè.
너 숙제 다 했니? 내일 숙제를 제출해야 돼.

* 交 jiāo 넘기다, 건네다, 제출하다

这本书我全部看完了, 明天还给你。
Zhè běn shū wǒ quánbù kànwán le, míngtiān huángěi nǐ.
이 책을 나는 전부 다 봤으니까 내일 너한테 돌려줄게.

> **보카 활용포인트**
> 동사서술어 바로 뒤에 쓰여 동사를 보충해 주는 낱말을 '보어'라고 하는데
> '完'은 주로 보어로 쓰여서 '다 ~했다'는 동작의 완료를 나타냅니다.

完成
wánchéng

(동) 완성하다, (예정대로) 끝내다, 완수하다

我完成了今天的作业。
Wǒ wánchéng le jīntiān de zuòyè.
나는 오늘 숙제를 다 끝냈다.

我必须在九点之前完成这项工作。
Wǒ bìxū zài jiǔ diǎn zhīqián wánchéng zhè xiàng gōngzuò.
나는 반드시 9시 전에 이 일을 완성해야만 한다.

* 必须 bìxū 반드시 ~해야 한다

> **보카 활용포인트**
> '完成'은 '정해진 기한 내에 일이나 임무 등 맡은 바 목적을 끝마치다'는 뜻
> 입니다.
> : 完成(作业 zuòyè 숙제 / 论文 lùnwén 논문 / 工作 gōngzuò 일 /
> 任务 rènwu 임무)

突出
tūchū

(형) 뚜렷하다, 두드러지다, 뛰어나다
(동) 돋보이게 하다, 두드러지게 하다

老刘的工作成绩非常突出。
Lǎoliú de gōngzuò chéngjì fēicháng tūchū.
라오류의 업무 성적은 매우 뛰어나다.

他在工作中有了突出的成就。
Tā zài gōngzuò zhōng yǒu le tūchū de chéngjiù.
그는 일하는 가운데 뛰어난 성과를 거두었다.

* 成就 chéngjiù 성취, 성과, 업적

复印
fùyìn

(동) 복사하다

复印室复印一张需要两毛钱。
Fùyìnshì fùyìn yì zhāng xūyào liǎng máo qián.
복사실에서 복사 1장을 하는데 2마오이다.

这份资料需要复印20份，开会的时候用。
Zhè fèn zīliào xūyào fùyìn èr'shí fèn, kāi huì de shíhou yòng.
이 자료는 20부를 복사해서 회의 때 써야 한다.

会议
huìyì

(명) 회의

这次会议参加的人数超过了300人。
Zhè cì huìyì cānjiā de rén shù chāoguò le sān'bǎi rén.
이번 회의에 참가한 인원수는 300명을 넘었다.

* 超过 chāoguò 초과하다, 넘다

明天的工作会议9点钟开始，请准时
Míngtiān de gōngzuò huìyì jiǔ diǎnzhōng kāishǐ, qǐng zhǔnshí

参加。
cānjiā.
내일의 업무회의는 9시에 시작하니 제 시간에 참가해주십시오.

* 准时 zhǔnshí 정확한 시간, 정각

举行
jǔxíng

(동) 개최하다, 열다, 거행하다, 실시하다

会议是昨天下午举行的。
Huìyì shì zuótiān xiàwǔ jǔxíng de.
회의는 어제 오후에 개최하였다.

今天是我21岁生日，并没举行什么
Jīntiān shì wǒ èr'shí yī suì shēngrì, bìng méi jǔxíng shénme

特别的活动。
tèbié de huódòng.
오늘은 내 스물한 살 생일이지만 무슨 특별한 모임은 하지 않았다.

* 并 bìng 결코, 전혀, 별로 [부정사의 앞에 쓰여 부정의 어투를 강조함]
* 活动 huódòng 활동(하다), 운동(하다), 행사

동사 '举行' 뒤에는 보통 명사 목적어를 함께 씁니다.
: 举行(会议 huìyì 회의 / 婚礼 hūnlǐ 결혼식 / 比赛 bǐsài 시합 / 活动 huódòng 활

参加
cānjiā

(동) 참가하다, 참석하다

这次会议在上海举行，你能来参加吗?
Zhè cì huìyì zài Shànghǎi jǔxíng, nǐ néng lái cānjiā ma?
이번 회의는 상하이에서 열리는데 너는 참가할 수 있니?

以前上小学的时候，我参加过演讲
Yǐqián shàng xiǎoxué de shíhou, wǒ cānjiā guo yǎnjiǎng
比赛。
bǐsài.
예전에 초등학교 다닐 때 나는 웅변대회에 참가한 적이 있다.

* 演讲 yǎnjiǎng 강연(하다), 연설(하다), 웅변(하다)

정보통신

☐	电话 diànhuà 전화	☐	使用 shǐyòng 사용하다
☐	手机 shǒujī 핸드폰, 휴대폰	☐	电脑 diànnǎo 컴퓨터
☐	打电话 dǎ diànhuà 전화하다	☐	电子邮件 diànzǐ yóujiàn 이메일
☐	用 yòng 쓰다	☐	上网 shàng wǎng 인터넷을 하다

电话
diànhuà

(명) 전화

她结婚那天，我们打了电话祝贺她。
Tā jié hūn nàtiān, wǒmen dǎ le diànhuà zhùhè tā.
그녀가 결혼하는 날 우리는 그녀한테 축하한다고 전화를 했다.

我家客厅里有一个电话，卧室里还有
Wǒ jiā kètīng li yǒu yí ge diànhuà, wòshì li hái yǒu

一个电话。
yí ge diànhuà.
우리 집은 거실에 전화 한 대가 있고, 침실에도 또 전화 한 대가 있다.

手机
shǒujī

(명) 핸드폰, 휴대폰

我们的生活和工作都离不开手机。
Wǒmen de shēnghuó hé gōngzuò dōu lí bu kāi shǒujī.
우리의 생활과 일은 모두 핸드폰과 뗄 수 없다.

* 离不开 lí bu kāi 떨어질 수 없다, 떠날 수가 없다

我们可以用手机打电话，还可以用它
Wǒmen kěyǐ yòng shǒujī dǎ diànhuà, hái kěyǐ yòng tā

照相。
zhào xiàng.
우리는 핸드폰으로 전화를 할 수 있고, 또 그것을 사용해서 사진을 찍을 수도 있다.

打电话
dǎ diànhuà

(동) 전화하다

如果需要帮忙，请给我打电话。
Rúguǒ xūyào bāng máng, qǐng gěi wǒ dǎ diànhuà.
만약 도움이 필요하시다면 저한테 전화해 주세요.

* 如果 rúguǒ 만약에 (~하다면)

你手机没电了，用我的手机打电话吧。
Nǐ shǒujī méi diàn le, yòng wǒ de shǒujī dǎ diànhuà ba.
네 핸드폰 배터리가 다 되었으니 내 핸드폰으로 전화하렴.

用
yòng

(동) ~(으)로, 쓰다, 사용하다

他把大部分时间用在学习上。
Tā bǎ dàbùfen shíjiān yòng zài xuéxí shàng.
그는 대부분의 시간을 공부하는데 쓴다.

* 大部分 dàbùfen 대부분

这蛋糕是用什么东西做成的？这么
Zhè dàngāo shì yòng shénme dōngxi zuòchéng de? Zhème
好吃！
hǎochī!
이 케이크는 무엇으로 만든 거니? 너무 맛있다!

使用
shǐyòng

(동) 사용하다

他同意我使用这台电脑打字。
Tā tóngyì wǒ shǐyòng zhè tái diànnǎo dǎzì.
그는 내가 이 컴퓨터를 사용해서 타이핑하는 것에 동의했다.

* 打字 dǎzì 타자를 치다, 타이핑하다

我使用电子字典查生词，很方便。
Wǒ shǐyòng diànzǐ zìdiǎn chá shēngcí, hěn fāngbiàn.
나는 전자사전을 사용해서 단어를 찾는데 매우 편리하다.

* 查 chá (뒤져서) 검사하다 / 조사하다 / 찾아보다
* 生词 shēngcí 새 낱말, 새 단어

电脑
diànnǎo

(명) 컴퓨터

我以为电脑出故障了，原来是中毒了。
Wǒ yǐwéi diànnǎo chū gùzhàng le, yuánlái shì zhòngdú le.
나는 컴퓨터가 고장 난 줄 알았는데 알고 보니 바이러스에 걸렸다.

* 出故障 chū gùzhàng 고장이 나다
* 中毒 zhòngdú 중독되다, 해를 입다 / 바이러스에 걸리다

电脑给人们的生活带来了方便。
Diànnǎo gěi rénmen de shēnghuó dàilái le fāngbiàn.
컴퓨터는 사람들의 생활에 편리함을 가져다주었다.

* 带来 dàilái (~에게 …을) 가져다주다, 가져오다

电子
diànzǐ
邮件
yóujiàn

(명) 이메일

他经常给我发电子邮件。
Tā jīngcháng gěi wǒ fā diànzǐ yóujiàn.
그는 나한테 자주 이메일을 보낸다.

我今天收到了朋友的电子邮件。
Wǒ jīntiān shōudào le péngyou de diànzǐ yóujiàn.
나는 오늘 친구의 이메일을 받았다.

上网
shàng wǎng

(동) 인터넷을 하다

我正在上网查资料，一会儿发给你
Wǒ zhèngzài shàng wǎng chá zīliào, yíhuìr fā gěi nǐ
邮件。
yóujiàn.
내가 지금 인터넷으로 자료를 찾고 있는 중이니까 조금 이따가 너한테 이메일로 보내 줄게.

* 查 chá 검사하다, 조사하다, 찾다
* 资料 zīliào 자료

我喜欢看电影，旅游、上网聊天儿。
Wǒ xǐhuan kàn diànyǐng、lǚyóu、shàng wǎng liáo tiār.
나는 영화보기, 여행하기, 인터넷 채팅하기를 좋아한다.

* 聊天 liáo tiār 한담하다, 잡담하다

1·2·3급 신HSK 테마별 VOCA 18 대명사

다른 낱말을 대신해서 칭하거나, 문장 뒤에서 그것을 가리키는 낱말을 대명사라고 합니다.

(1) 인칭대명사

사람이름이나 명칭을 대신 칭하는 명사를 인칭 대명사라고 하는데 인칭 대명사는 다음과 같습니다.

☐ 我	wǒ	나	☐ 他	tā	그
☐ 我们	wǒmen	우리	☐ 他们	tāmen	그들
☐ 自己	zìjǐ	자기, 자신	☐ 她	tā	그녀
☐ 你	nǐ	너	☐ 她们	tāmen	그녀들
☐ 你们	nǐmen	너희	☐ 它	tā	그, 그것, 저것
☐ 您	nín	(존칭) 당신	☐ 别人	biérén	남, 다른 사람
			☐ 大家	dàjiā	모두

我
wǒ

(대) 나

这件衣服太大了, 我想要一个小
Zhè jiàn yīfu tài dà le, wǒ xiǎng yào yí gè xiǎo

一点儿的。
yìdiǎr de.

이 옷은 너무 커요, 나는 약간 작은 것을 원합니다.

* 一点儿 yìdiǎr 약간, 조금
* 了 le (문장 맨 끝) 실제로 이미 일어난 동작, 상황, 상태의 변화에 사용됨
* 想 xiǎng 바라다, 희망하다 / ~하고 싶다

我们
wǒmen

(대) 우리

我们是很好的朋友, 经常一起学习。
Wǒmen shì hěn hǎo de péngyou, jīngcháng yìqǐ xuéxí.

우리는 좋은 친구이고 항상 같이 공부한다.

* 经常 jīngcháng 자주, 항상, 늘
* 一起 yìqǐ 함께

自己
zìjǐ

(대) 자기, 자신

他对自己的要求太高了。
Tā duì zìjǐ de yāoqiú tài gāo le.
그는 자신에 대한 요구가 너무 높다.

* 要求 yāoqiú 요구(하다)

你
nǐ

(대) 너

你什么时候来的北京？生活还习惯吧！
Nǐ shénme shíhou lái de Běijīng? Shēnghuó hái xíguàn ba!
당신은 언제 북경에 왔나요? 생활은 그런대로 익숙해 지셨지요!

* 什么时候 shénme shíhou 언제
* 习惯 xíguàn 습관(이 되다)
* 还 hái 변함없이, 여전히, 계속해서, 또

你们
nǐmen

(대) 너희(들)

你们想参观长城还是故宫？
Nǐmen xiǎng cānguān Chángchéng háishi Gùgōng?
너희는 만리장성을 구경하고 싶니, 아니면 고궁을 구경하고 싶니?

* 参观 (전람회·공장·명승지 등 장소를) 참관하다, 견학하다, 시찰하다
* 还是 háishi 아니면 ~입니까? , 또는 / 아직도, 여전히

您
nín

(대) (존칭) 당신

欢迎您来我家做客，请坐。
Huānyíng nín lái wǒ jiā zuòkè, qǐng zuò.
우리 집에 오신 것을 환영합니다. 앉으세요.

* 做客 zuòkè 손님이 되다, 친지를 방문하다
* 请 qǐng (상대가 어떤 일을 하기 바라는 의미로) ~하세요

他
tā

(대) 그

他是一名汉语老师，教过许多外国
Tā shì yì míng Hànyǔ lǎoshī, jiāoguo xǔduō wàiguó
学生。
xuésheng.
그는 중국어 선생님이고, 많은 외국 학생을 가르친 적이 있다.

* 名 míng (양사) ~명 [사람을 세는 단위]

* 过 guo ~한 적이 있다 (과거의 경험을 나타냄)
* 许多 xǔduō 대단히 많은, 허다한

他们
tāmen

(대) 그들

他们学汉语学了两年了。
Tāmen xué Hànyǔ xué le liǎng nián le.
그들은 중국어를 2년 동안 배우고 있다.

他们在北京大学学习汉语已经两年了。
Tāmen zài Běijīng Dàxué xuéxí Hànyǔ yǐjīng liǎng nián le.
그들은 북경대학에서 이미 2년 동안 중국어를 배우고 있다.

* 已经 yǐjīng 이미, 벌써

她
tā

(대) 그녀

她喜欢唱歌，每周周末去KTV。
Tā xǐhuan chàng gē, měizhōu zhōumò qù KTV.
그녀는 노래 부르는 것을 좋아해서 매주 주말에 노래방에 간다.

她们
tāmen

(대) 그녀(들)

小李和小刘是同班同学，她们经常
Xiǎolǐ hé XiǎoLiú shì tóngbān tóngxué, tāmen jīngcháng
一起玩儿。
yìqǐ wár.
샤오리와 샤오리우는 같은 반 친구이고 그녀들은 자주 함께 논다.

* 和 hé ~와
* 同班 tóngbān 같은 학급 반, 동급생

她们每天学习6个小时，很辛苦。
Tāmen měitiān xuéxí liù ge xiǎoshí, hěn xīnkǔ.
그녀들은 매일 6시간을 공부해서 매우 힘들어요.

* 小时 xiǎoshí (시간 단위) ~시간

它
tā

(대) 그, 그것, 저것

它是一只漂亮的白色小狗。
Tā shì yì zhī piàoliang de báisè xiǎo gǒu.
그것은 예쁜 흰 강아지이다.

别人
biérén

(대) 남, 다른 사람

这本书是别人的，不是我的。
Zhè běn shū shì biérén de, búshì wǒ de.
이 책은 다른 사람의 것이지, 내 것이 아니다.

我不相信别人说的话，只相信你。
Wǒ bù xiāngxìn biérén shuō de huà, zhǐ xiāngxìn nǐ.
나는 다른 사람의 말은 믿지 않고 오로지 너만 믿는다.

大家
dàjiā

(대) 모두

大家都来上课了，只有他没来。
Dàjiā dōu lái shàng kè le, zhǐ yǒu tā méi lái.
모두가 수업하러 왔는데 그만 안 왔다.

보카활용포인트 인칭대명사

인칭	단수	복수
1인칭	我 나 / 自己 자기, 자신	我们 우리(들), 咱们 우리(들)
2인칭	你 너, 당신 / 您 너, 당신	你们 너희(들), 당신(들)
3인칭	他 그 / 她 그녀 / 它 그것 / 别人 다른 사람	他们 그들 / 她们 그녀들 / 它们 그것들
기타	大家 모두	

(1) '我们'과 '咱们'은 둘 다 '우리(들)'이란 뜻인데, 듣는 사람까지 포함 되는
경우에는 '我们'과 '咱们'을 둘 다 쓸 수 있지만, 듣는 사람이 포함되지
않는 경우에는 '我们'만 쓸 수 있습니다.
: 老师, (咱们 / 我们)一起走吧。 선생님, 저희와 함께 가시죠.
小王你别生气, (我们 / 咱们)朋友都不在乎。
우리 친구들은 신경 쓰지 않으니까, 샤오왕 화내지 마.
* 不在乎 bùzàihu 대수롭지 않게 여기다, 문제 삼지 않다
(2) '你'와 '您'은 둘 다 '너, 당신'이란 뜻이지만, '您'은 존칭어입니다.
(3) '它'는 동물이나 사물처럼 사람 이외의 것을 가리킵니다.

(2) **지시대명사**

'这'와 '那'처럼 앞의 낱말이나 문장을 지칭하거나 가리키는 낱말을 '지시대명사'라고 합니다.

□	**这** zhè	이(것)	□	**这么** zhème	이렇게
□	**那** nà	저(것)	□	**那么** nàme	그렇게

这
zhè

(대) 이, 이것

这件事我早就知道, 只是没有告诉你。
Zhè jiàn shì wǒ zǎojiù zhīdào, zhǐshì méi yǒu gàosu nǐ.
나는 일찍이 이 일을 알았으나 그에게 알려주지 않았다.

* 早就 zǎojiù 벌써, 오래전에, 일찌감치

那
nà

(대) 저, 저것

那个字不要那么写, 应该要这么写。
Nà ge zi búyào nàme xiě, yīnggāi yào zhème xiě.
이 글자는 그렇게 쓰면 안 되고 이렇게 써야한다.

这是我的中文书, 那是他的中文书。
Zhè shì wǒ de Zhōngwén shū, nà shì tā de Zhōngwén shū.
이것은 내 중국어 책이고 그것은 그의 중국어 책이다.

보가 활용 포인트 지시대명사		
용법	**가까운 것을 가리킴**	**멀리 있는 것을 가리킴**
사람, 사물, 다른 것을 가리킴	这 + 양사 + 명사 : 이(것) 📗 这个人 이 사람	那 + 양사 + 명사 : 저(것) 📗 那个人 그 사람
둘 이상의 사람, 사물을 가리킴	这些 + 명사 : 이런 (것들) 📗 这些人 이 사람들	那些 + 명사 : 그런, 저런 (것들) 📗 那些人 저 (그) 사람들
장소를 가리킴	这里 [= 这儿] 여기, 이곳	那里 [= 那儿] 저기, 그곳
방식, 정도를 가리킴	这么 이런 这样 이렇게	那么 저런 (그런) 那样 저렇게 (그렇게)

这么
zhème

(대) 이렇게

北京的天气这么冷啊!
Běijīng de tiānqì zhème lěng a!
북경의 날씨가 이렇게 춥다니!

那么
nàme

(대) 그렇게

你学习那么认真啊！
Nǐ xuéxí nàme rènzhēn a!
너는 공부를 그렇게 열심히 하다니!

> **보카활용포인트**
> '这么'와 '那么' 서술어 앞의 부사어로 쓰여서 정도나 방식을 나타냅니다.
> : 这么(那么)写 이렇게(그렇게) 쓰다 [방식을 나타냄]
> 　这么(那么)好 이렇게(그렇게) 좋다, 아주 좋다 [정도를 나타냄]

(3) 의문대명사

상대방에게 물어 볼 때 의문문을 만들어 주는 낱말을 의문대명사라고 합니다.

☐ 谁 shéi	누구	☐ 几 jǐ	몇, 얼마
☐ 什么 shénme	무엇, 무슨	☐ 多少 duōshao	몇, 얼마
☐ 哪 nǎ	어느, 어떤	☐ 怎么样 zěnmeyàng	어때, 어떠니
☐ 哪儿 nǎr	어디	☐ 怎么 zěnme	어떻게, 왜
		☐ 为什么 wèishénme	왜, 어째서

谁
shéi

(대) 누구

你是谁啊？找我有什么事情？
Nǐ shì shuí a?　Zhǎo wǒ yǒu shénme shìqíng?
당신은 누구세요? 무슨 일로 저를 찾으세요?

我不知道是谁拿走了我的书。
Wǒ bù zhīdào shì shéi názǒu le wǒ de shū.
나는 내 책을 누가 가지고 갔는지 모르겠다.

의문대명사

관형어	주어	서술어	관형어	목적어	번역
	谁	是	你的	老师?	누가 네 선생님이니?
	他	是		谁?	그는 누구니?
	这	是	谁的	声音?	이것은 누구(의) 목소리니?
谁的	孩子	最聪明?			누구(의) 아이가 제일 똑똑하니?

'谁'는 '누구'라는 뜻으로 한 사람 또는 여러 사람에 대해 물어보는 의문대명 사이며, 명사처럼 주어, 목적어, 관형어로 쓸 수 있습니다. 여기서 관형어란 명사/대명사 앞에서 수식을 하는 낱말을 말합니다.

什么
shénme

(대) 무엇, 무슨

你现在在这里干什么？
Nǐ xiànzài zài zhèli gàn shénme?
너는 지금 여기서 뭐하니?

这个东西是用什么做的？
Zhè ge dōngxi shì yòng shénme zuò de?
이 물건은 무엇으로 만든 건가요?

'什么'는 '무엇, 무슨'이라는 뜻으로 보통 동사 서술어와 목적어 사이에 씁 니다.
(1) '什么'는 상대방에게 물어 볼 때 쓰는 의문 대명사입니다.
(2) '什么'는 동사 서술어와 목적어 사이에 씁니다.
(3) 목적어에는 사람, 이름, 사물(= 모든 일과 물건), 직업, 신분, 장소 등이 옵 니다.

주어	동사	什么	목적어	번역
你	叫		名字?	네 이름이 뭐니?
他	有		事情?	그는 무슨 일이 있니?
我们	看	什么	电影?	우리 무슨 영화 볼까?
你	从事		工作?	너는 어떤 일에 종사하니?
您	找		地方?	당신은 어디를 찾으세요?
您	需要		饮料?	어떤 음료가 필요하세요?

* 从事 cóngshì 종사하다, 일을 하다
* 电影 diànyǐng 영화
* 需要 xūyào 필요(로)하다 / 필요, 욕구, 요구

哪
nǎ

(대) 어느, 어떤, 어디

你喜欢哪种音乐?
Nǐ xǐhuan nǎ zhǒng yīnyuè?
너는 어떤 음악을 좋아하니?

你看在哪家饭馆吃饭比较好?
Nǐ kàn zài nǎ jiā fànguǎn chī fàn bǐjiào hǎo?
네가 보기에 어느 식당에서 식사하는 것이 비교적 좋을 것 같니?

> **보카활용포인트**
> '哪'는 의문 대명사로 '哪+양사+명사'의 형태로 여러 사람, 시간, 장소, 사물 가운데 하나를 물어 볼 때 쓰는 낱말입니다.

哪儿
nǎr

(대) 어디

我下午哪儿也不去, 呆在家里。
Wǒ xiàwǔ nǎr yě bú qù, dāi zài jiāli.
나는 오후에 아무데도 가지 않고 집에 있다.

* 呆 dāi 머무르다, 체류하다

我正在回家的路上, 你现在在哪儿?
Wǒ zhèngzài huí jiā de lùshang, nǐ xiànzài zài nǎr?
나는 집에 가는 길인데 너는 지금 어디에 있니?

> **보카활용포인트**
> '哪儿'은 장소를 묻는 의문대명사입니다.

几
jǐ

(대) 몇, 얼마

你们班一共有几个女同学?
Nǐmen bān yígòng yǒu jǐ ge nǚ tóngxué?
너희 반은 여학생이 모두 몇 명이니?

我们几个月没有见面了。
Wǒmen jǐ ge yuè méi yǒu jiàn miàn le.
우리는 몇 달 만에 만났다.

多少
duōshao

(대) 몇, 얼마

你们班一共有多少人?
Nǐmen bān yígòng yǒu duōshao rén?
너희 반은 모두 몇 명이니?

你去中国旅游花了多少钱?
Nǐ qù Zhōngguó lǚyóu huā le duōshao qián?
너는 중국에 여행가서 얼마를 썼니?

怎么样
zěnmeyàng

(대) 어때, 어떠니

你喝点咖啡怎么样?
Nǐ hē diǎn kāfēi zěnmeyàng?
너 커피를 좀 마시는 게 어때?

你最近身体怎么样?
Nǐ zuìjìn shēntǐ zěnmeyàng?
너 요즘 건강은 어떠니?

怎么
zěnme

(대) ① 어떻게 ② 왜, 어째서

你不要问我，我怎么知道这件事？
Nǐ bú yào wèn wǒ, wǒ zěnme zhīdao zhè jiàn shì?
나한테 물어 보지 마, 내가 이 일을 어떻게 알겠니?

你得了第一名，可是怎么不高兴？
Nǐ dé le dì yī míng, kěshì zěnme bù gāoxìng?
너는 1등을 했는데 왜 기뻐하지 않니?

> **보카활용포인트**
> '怎么'는 서술어 앞의 부사어 자리에 쓰는 낱말입니다.
> (1) '怎么'가 '어떻게'라는 뜻으로 쓰이는 경우 '방식'을 나타냅니다.
> (2) '怎么'가 '왜'라는 뜻으로 쓰이는 경우 '원인이나 이유를 묻는 것'을 나타내며 '为什么'와 동의어입니다.

为什么
wèishénme

(대) 왜, 어째서

你为什么没来啊？
Nǐ wèi shénme méi lái a?
너는 왜 안 왔니?

你为什么不说话？ 是不是生气了？
Nǐ wèi shénme bù shuō huà? Shì bu shì shēng qì le?
너는 왜 말을 안 하니? 화났어?

(4) 기타 대명사

☐ 每 měi 각, ~마다 (모두)	☐ 其他 qítā 기타, 그 외

每
měi

(대) 각, ~마다 (모두)

每件事情都有好处和坏处。
Měi jiàn shìqíng dōu yǒu hǎochu hé huàichu.
모든 일에는 다 좋은 점과 나쁜 점이 있다.

其他
qítā

(대) (사람·사물에 쓰여) 기타, 그 외

我只认识他，其他人不认识。
Wǒ zhǐ rènshí tā, qítā rén bú rènshí.
나는 오로지 그 사람만 알고, 다른 사람은 모른다.

* 只 zhǐ 단지, 다만, 오직, 겨우

보카 활용포인트

'每'는 '각각, 모두'라는 뜻으로 보통 '每 + 양사 + 명사'의 형태로 씁니다.
: 每个人 각각의 (모든) 사람, 사람마다 / 每个小时 매 시간, 시간마다

19 수량사

▶ 사과가 한 개, 두 개, 세 개 ··· / 책이 한 권, 두 권, 세 권 ··· / 강아지가 한 마리, 두 마리, 세 마리 ···

한국어의 '~개, ~권, ~마리'에 해당하는 낱말을 중국에서는 양사라고 부릅니다. 즉 양사는 각각의 명사를 세는 단위를 말합니다.

☐ 个	ge	~개		☐ 次	cì	~번, ~회
☐ 本	běn	~권		☐ 回	huí	~회
☐ 种	zhǒng	~종류		☐ 段	duàn	~단락
☐ 件	jiàn	~가지		☐ 层	céng	(건물의) 층
☐ 口	kǒu	~식구		☐ 双	shuāng	~쌍
☐ 辆	liàng	~대		☐ 第	dì	제~
☐ 张	zhāng	~개, ~장		☐ 一点儿	yìdiǎr	좀, 약간
☐ 位	wèi	~분		☐ 些	xiē	좀, 약간
☐ 条	tiáo	~개				

个
ge

(양) ~개, ~가지, ~명

我吃了一个苹果。
Wǒ chī le yí ge píngguǒ.
나는 사과 한 개를 먹었다.

> **부가 활용포인트**
> '个'는 가장 광범위하게 널리 쓰이는 양사이며 사람·물건·사물 등에 모두 쓸 수 있습니다.

本
běn

(양) ~권

我买了三本小说和两本杂志。
Wǒ mǎi le sān běn xiǎoshuō hé liǎng běn zázhì.
나는 소설책 3권과 잡지 2권을 샀다.

> **부가 활용포인트**
> '本'은 책자로 펴낼 수 있는 것을 세는 낱말입니다.

种
zhǒng

(양) ~종류

你喜欢哪种颜色?
Nǐ xǐhuan nǎ zhǒng yánsè?
너는 어떤 종류의 색을 좋아하니?

件
jiàn

(양) ~벌, ~건

这件大衣除了黑色的还有白色的。
Zhè jiàn dàyī chúle hēisè de hái yǒu báisè de.
이 외투는 검은 색뿐만 아니라 흰 색도 있다.

> **보카 활용포인트**
> '件'은 옷, 선물, 일 등을 세는 낱말입니다.
> : 一件(衣服 옷 / 毛衣 máoy 스웨터 / 礼物 선물 / 事情 일)

口
kǒu

(양) ① 식구 ② 마리 ③ 입, 모금, 마디

我家有四口人，爸爸、妈妈、哥哥和我。
Wǒ jiā yǒu sì kǒu rén, bàba、māma、gēge hé wǒ.
우리 집은 네 식구인데 아빠, 엄마, 오빠 그리고 나이다.

他喝了一口啤酒，感觉很舒服。
Tā hē le yì kǒu píjiǔ, gǎnjué hěn shūfu.
그는 맥주를 한 모금 마시자 매우 편안하게 느껴졌다.

> **보카 활용포인트**
> (1) '口'는 사람이나 가축(돼지)을 세는 낱말입니다.
> : 两口人 두 사람 / 一口猪 (zhū) 돼지 한 마리
> (2) '口'는 입에서 나오거나 입에 넣는 것과 관련 있는 동작이나 사물을 세는
> 낱말입니다.
> : 喝一口水 물을 한 모금 마시다
> 吃一口饭 밥 한 술을 먹다
> 咬一口面包 빵을 한 입 베어 먹다
> 说一口流利的汉语 유창한 중국어를 한 마디 하다

辆
liàng

(양) ~대, ~량

他最近买了一辆汽车，上班的时候很
Tā zuìjìn mǎi le yí liàng qìchē, shàng bān de shíhou hěn

方便。
fāngbiàn.
그는 최근에 차를 한 대 사서 출근할 때 아주 편리하다.

'辆'은 자동차, 자전거, 오토바이 등을 세는 낱말입니다.
: 一辆(汽车 qìchē 자동차 / 自行车 zìxíngchē 자전거 / 摩托车 mótuōchē 오토바이)

张
zhāng

(양) ~개, ~장

这张床很宽，我感到很舒服。
Zhè zhāng chuáng hěn kuān, wǒ gǎndào hěn shūfu.
이 침대는 넓어서 나는 아주 편하게 느껴졌다.

我有两张电影票，你和我一起看电影
Wǒ yǒu liǎng zhāng diànyǐngpiào, nǐ hé wǒ yìqǐ kàn diànyǐng
吧。
ba.
나한테 영화표 두 장이 있으니 나와 함께 영화 보러 갑시다.

(1) '张'은 침대, 탁자와 같이 얇고 평평하며 두께가 있는 것을 세는 낱말입니다.
  : 一张(床 chuáng 침대 / 桌子 zhuōzi 탁자)
(2) '张'은 종이 형태로 된 것을 세는 낱말입니다.
  : 一张(纸 zhǐ 종이 / 照片 zhàopiàn 사진 / 电影票 diànyǐngpiào 영화표)

位
wèi

(양) ~분, ~명

今天家里来了五位客人。
Jīntiān jiāli lái le wǔ wèi kèrén.
오늘 집에 손님이 다섯 분 오셨다.

'位'는 사람을 세는 낱말로 존중의 의미를 나타냅니다.

条
tiáo

(양) ~개, ~벌

这条裤子太长了，我没办法穿。
Zhè tiáo kùzi tài cháng le, wǒ méi bànfǎ chuān.
이 바지는 너무 길어서 입을 방법이 없다.

次
cì

(동량) ~번, ~차례

我参加过两次新HSK考试。
Wǒ cānjiā guo liǎng cì xīnHSK kǎoshì.
나는 신HSK 시험에 2번 참가한 적이 있다.

回
huí

(동량) ~회, ~번 (동) 돌아가다, 돌아오다

A: 这里你来过几回?
Zhèlǐ nǐ lái guo jǐ huí?
이곳에 너는 몇 번 와 본 적이 있니?

B: 一共有三回。
Yígòng yǒu sān huí.
전부 세 번 쯤 왔었어.

今天有点儿累了，我想回宿舍去休息了。
Jīntiān yǒudiǎr lèi le, wǒ xiǎng huí sùshè qù xiūxi le.
오늘은 조금 피곤해서 숙소에 돌아가서 쉬고 싶다.

段
duàn

(양) 시간이나 공간의 일정한 거리를 나타냄

这段时间我正忙着考试，过一段再
Zhè duàn shíjiān wǒ zhèng mángzhe kǎoshì, guò yí duàn zài

说吧。
shuō ba.
요즈음 나는 시험 보느라 바쁘니 좀 지나고 나서 다시 얘기하자.

层 céng

(양) (건물의) 층

我住在三层，可他不住在三层。
Wǒ zhù zài sān céng, kě tā bú zhù zài sān céng.
나는 3층에서 살지만, 그는 3층에서 살지 않는다.

这座楼的一层是书店，二层是饭馆，
Zhè zuò lóu de yì céng shì shūdiàn, èr céng shì fànguǎn,

三层是美容院。
sān céng shì měiróngyuàn.
이 건물의 1층은 서점이고, 2층은 음식점이며, 3층은 미용실입니다.

双 shuāng

(양) ~쌍, ~켤레

她有一双漂亮的大眼睛。
Tā yǒu yì shuāng piàoliang de dà yǎnjing.
그녀는 예쁜 큰 눈을 가지고 있다.

爸爸穿了一双黑色的皮鞋。
Bàba chuān le yì shuāng hēisè de píxié.
아빠는 검은 색 구두를 신으셨다.

> **보카 활용포인트**
> (1) '双'은 좌우 대칭으로 쌍을 이루고 있는 사람의 신체기관을 세는 낱말입니다.
> : 一双(眼睛 양쪽 눈 / 耳朵 양쪽 귀 / 手 양쪽 손)
> * 眼睛 yǎnjing 눈
> * 耳朵 ěrduo 귀
> * 手 shǒu 손
> (2) '双'은 좌우 대칭을 이루고 있으면서 신체에 부착할 수 있는 물건에도 쓸 수 있습니다.
> : 一双鞋 xié 신발 한 켤레

第 dì

(양) 제~

我第一次来中国，他是第二次来中国。
Wǒ dì yī cì lái Zhōngguó, tā shì dì èr cì lái Zhōngguó.
나는 중국에 처음 왔고 그는 중국에 두 번째 왔다.

> **보카 활용포인트**
> '第'는 숫자 앞에 쓰여 차례의 몇 번째를 나타내는 서수로 쓰입니다.
> : 第2名 (míng) 2등 / 第32页 (yè) 제32쪽 / 第24届 (jiè) 제24회

一点儿
yìdiǎr

(수량) 좀, 약간

我吃了药后，身体好一点儿了。
Wǒ chī le yào hòu, shēntǐ hǎo yìdiǎr le.
나는 약을 먹고 나서 몸이 좀 좋아졌다.

你不要客气，多吃一点儿。
Nǐ búyào kèqi, duō chī yìdiǎr.
사양하지 말고 좀 더 드세요.

> **보카 활용포인트**
>
> 수량사인 '一点儿'과 부사 '有点儿'은 둘 다 '좀, 약간'이라는 뜻입니다.
> (1) '一点儿'은 서술어 뒤에 쓰며 수량이 적음을 나타냅니다.
> ① [주어 + 동사 서술어 + 一点儿 + 목적어.]
> : 我想喝一点儿啤酒。나는 맥주를 좀 마시고 싶다.
> ② [주어 + 형용사 서술어 + 一点儿.]
> : 这条裤子长一点儿。이 바지는 약간 길어요.
> (2) '有点儿'은 서술어 앞의 부사자리에 쓰며 주로 좋지 않거나 마음에 들지
> 않음을 나타냅니다. : [주어 + 有点儿 +서술어.]
> : 我今天有点儿头疼。나는 오늘 머리가 좀 아프다.
> 这件衣服有点儿贵。이 옷은 좀 비싸다.
> * 头疼 tóuténg 머리가 아프다
> * 贵 guì 값이 비싸다

些
xiē

(양) 약간, 조금

这些礼物都是朋友送给我的生日礼物。
Zhè xiē lǐwù dōu shì péngyou sònggěi wǒ de shēngrì lǐwù.
이 선물들은 모두 친구가 나에게 준 생일 선물이다.

> **보카 활용포인트**
>
> (1) '些'는 '조금, 약간, 몇'이란 뜻으로 명사 앞에 쓰여 확정적이지 않은 적은
> 수량을 나타냅니다.
> : 近来有些事要做。요즘 해야 될 일이 좀 있다.
> 箱子里有些东西。상자 안에는 물건들이 좀 있다.
> * 箱子 xiāngzi 상자, 궤짝, 트렁크
> (2) '些'는 형용사나 일부 동사 뒤에 쓰여 수량이 적음을 나타내며 이 경우
> '一点儿'과 동의어입니다.
> : 给孩子买一双鞋, 大一些也没关系。
> 아이에게 신발을 사줄 때 좀 큰 것도 괜찮다.
> 请你大声一些, 我听不清楚。
> 내가 안 들리니까 좀 큰소리로 말해줄래.

조동사

동사 앞에서 동사를 도와주는 낱말을 조동사(**助动词**)라고 하며 조동사는 대부분 '〜할 수 있다' 또는 '〜하기를 바라다, 원한다'는 뜻으로 쓰이기 때문에 능원동사(**能愿动词**)라고도 합니다.

☐ **能** néng	〜할 수 있다	☐ **可能** kěnéng	아마도 〜일 것이다
☐ **会** huì	〜일 것이다	☐ **应该** yīnggāi	당연히 〜해야 된다
☐ **可以** kěyǐ	〜해도 된다	☐ **愿意** yuànyì	〜하기를 바라다
☐ **要** yào	〜하려고 하다	☐ **敢** gǎn	(과)감히 〜하다

能
néng

(조동) 〜할 수 있다

只要努力，你能做好任何事情。
Zhǐyào nǔlì, nǐ néng zuòhǎo rènhé shìqíng.
노력하기만 하면 너는 어떤 일이든지 잘할 수 있다.

* 任何 rènhé 어떠한 (〜라도)

请问，你能给我兑换这些钱吗？
Qǐngwèn, nǐ néng gěi wǒ duìhuàn zhè xiē qián ma?
실례하지만 이 돈을 환전해줄 수 있나요?

* 兑换 duìhuàn 환전하다

보카 활용포인트
(1) '能'은 '능력이 있어서 〜할 수 있다'는 뜻으로 어떤 일을 일정수준 이상으로 잘하는 것을 나타냅니다.
: 他汉语学了 5 年了，能说汉语。
그는 5년 째 중국어를 배우고 있어서 중국어를 잘한다.
(2) '객관적인 조건으로 볼 때 〜할 수 있다'는 뜻으로 어떤 객관적인 조건을 가지고 있어서 〜할 수 있음을 나타냅니다.
: 时间还早，六点钟以前能赶到。
시간이 아직 이르니 6시 이전에는 도착할 수 있다.

会
huì

(조동) ① 〜일 것이다 ② (배워서) 〜할 줄 안다

我们已经约好了，他一定会来的。
Wǒmen yǐjīng yuēhǎo le, tā yídìng huì lái de.
우리는 이미 약속을 했으니 그는 반드시 올 것이다.

我学习汉语的时间太短了，只会说
Wǒ xuéxí Hànyǔ de shíjiān tài duǎn le, zhǐ huì shuō

一点汉语。
yìdiǎn Hànyǔ.

나는 중국어를 공부한 시간이 너무 짧아서 중국어를 겨우 조금 할 줄
안다.

보카 활용포인트

(1) '会'는 '～일 것이다. ～할 것이다'는 뜻으로 가능성을 추측하는 의미로 쓰
입니다. 보통 '会'가 쓰인 문장 맨 뒤에 '的'를 쓰는 경우가 많은데 이 경우
반드시 (틀림없이) ～할 것이라는 긍정적이고 확신에 찬 어감을 줍니다.

: 他明天会把这个数字拿出来。
그는 내일 이 숫자를 계산해 낼 것이다.

他是不会同意这样做的。
그는 이렇게 하는 것을 틀림없이 동의하지 않을 것이다.

(2) '会'는 '(배워서) 할 줄 안다'는 뜻으로 학습이나 경험에 의해 단순히 배워
서 할 줄 안다는 초보적인 수준을 나타냅니다. 그러나 '很会'라고 쓰면
'아주 잘한다'는 뜻이 됩니다.

: 我会说汉语。 나는 중국어를 할 줄 안다.
她很会做菜。 그녀는 요리를 아주 잘한다.

可以
kěyǐ

(조동) ① ～해도 된다 ② ～할 수 있다

我可以去你家做客吗？
Wǒ kěyǐ qù nǐ jiā zuò kè ma?

내가 너희 집에 놀러가도 되니?

我们可以用手机打电话，发短信。
Wǒmen kěyǐ yòng shǒujī dǎ diànhuà, fā duǎnxìn.

우리는 핸드폰으로 전화를 걸 수 있고, 문자를 보낼 수 있다.

보카 활용포인트

(1) '可以'가 '～해도 된다'는 뜻으로 쓰인 경우 '허락' 또는 도리 상의 '허가'
를 나타내고, 부정형식은 '不可以'를 씁니다.

(2) '可以'가 '～할 수 있다'는 뜻으로 쓰인 경우 주관적 또는 객관적 조건에
따라 어떤 일을 할 수 있음을 나타내는데 이 경우 '能'과 동의어입니다.

: 她可以说五种外语。(= 她能说五种汉语)
그녀는 5개 국어를 할 수 있다.

(3) '可以'가 '～할 만한 가치가 있다'는 뜻으로 쓰인 경우 '值得 zhíde'와
동의어입니다.

: 这本书写得很好, 你可以看看。
이 책은 매우 잘 썼기 때문에 네가 좀 볼 만하다.

要
yào

(조동) ① ~하려고 하다 ② ~해야 된다

我有一个好消息要告诉你。
Wǒ yǒu yí ge hǎo xiāoxi yào gàosu nǐ.
나는 네게 말해줄 좋은 소식 한 가지가 있다.

我们要先参观一个展览馆，然后写一
Wǒmen yào xiān cānguān yí ge zhǎnlǎnguǎn, ránhòu xiě yí
份报告。
fèn bàogào.
우리는 먼저 전시관을 참관하고 나서 보고서를 써야 한다.

> **보카 활용포인트**
> (1) '要'가 '~하려고 하다'는 뜻인 경우 어떤 일을 하려는 의지를 나타내며
>   부정형식은 '不想'을 쓰고 '不要'는 쓰지 않습니다.
>   A : 你要去北京吗? 너는 북경에 갈거니?
>   B : 我不想去北京。 나는 북경에 가고 싶지 않아.
> (2) '要'가 '~해야 한다'는 뜻인 경우 '得 děi'와 동의어입니다.
>   : 你们要努力学外语。 너희는 열심히 외국어를 배워야 한다.

可能
kěnéng

(조동) 아마도 ~일 것이다

他可能知道这件事了。
Tā kěnéng zhīdao zhè jiàn shì le.
그는 아마도 이 일을 알고 있을 것이다.

她不接我的电话，可能生气了。
Tā bù jiē wǒ de diànhuà, kěnéng shēng qì le.
그녀는 내 전화를 안 받는데 아마 화가 난 것 같다.

> **보카 활용포인트**
> '可能'은 '추측이나 가능성'을 나타내며 부사 '也许 yěxǔ, 恐怕 kǒngpà,
> 大概 dàgài' 등과도 바꾸어 쓸 수 있습니다.

应该
yīnggāi

(조동) (이치나 도리 상) 마땅히, 당연히 ~해야 된다

我们每个人都应该保护环境。
Wǒmen měi ge rén dōu yīnggāi bǎohù huánjìng.
우리는 모두 다 환경을 보호해야 한다.

我们应该学会如何使用电脑。
Wǒmen yīnggāi xuéhuì rúhé shǐyòng diànnǎo.
우리는 컴퓨터를 어떻게 사용하는지 배워야만 한다.

* 如何 rúhé 어떻게 [=怎么]

(1) '应该'는 이치나 도리 상 당연히 그렇게 해야 함을 나타냅니다.
　: 这种问题应该处理。
　　이런 문제는 반드시 처리되어야 한다.
(2) '(당연히) ～할 것이다'는 뜻인 경우 '평가하거나 추측함'을 나타냅니다.
　: 你很聪明, 应该明白我的意思。
　　너는 똑똑하니까 당연히 내 뜻을 알아들었을 것이다.

愿意
yuànyì

(조동) ～하기를 원하다 (바라다), ～하고 싶다
(동) 바라다, 원하다

我宁可看电视, 也不愿意工作。
Wǒ nìngkě kàn diànshì, yě bú yuànyì gōngzuò.
나는 차라리 TV를 볼지언정, 일을 하고 싶지는 않다.

* 宁可 nìngkě 차라리 (～할지언정)

我愿意来中国学习生活。
Wǒ yuànyì lái Zhōngguó xuéxí shēnghuó.
나는 중국에 와서 공부하고 생활하고 싶다.

'愿意'는 어떤 것을 좋아해서 기꺼이(흔쾌히) ～하려고 한다는 주관적인 의
지와 희망을 나타냅니다.

敢
gǎn

(조동) (과)감히 ～하다, 용감하게 ～할 수 있다

他敢在外国人面前讲英语。
Tā gǎn zài wàiguórén miànqián jiǎng Yīngyǔ.
그는 용감하게 외국인 앞에서 영어로 말할 수 있다.

你怎么敢买这么贵的衣服呢?
Nǐ zěnme gǎn mǎi zhème guì de yīfu ne?
너는 어떻게 감히 이렇게 비싼 옷을 살 수 있니?

'敢'은 '담력, 용기를 가지고 어떤 일을 함' 또는 '어떤 판단을 내리는데 자신
이 있음'을 나타냅니다.

► 나는, 내가, 나를, 나에게, 나를 향해서 …
  그것은, 그것이, 그것을 …

이렇게 한국어는 명사/대명사 바로 뒤에 '~는(~은), ~이, ~가, ~을(~를), ~에게, ~을 향해서'와 같은 조사가 붙어서 늘 함께 다닙니다. 우리나라의 조사에 해당하는 낱말이 중국어에서는 바로 전치사입니다.

그러나 명사/대명사 뒤에 오는 한국어의 조사와 달리 중국어에는 명사/대명사 앞에 조사가 오기 때문에 '전(前)치사'라고 하며 중국어로는 '개사(介词)'라고 합니다.

☐ 从 cóng	~로부터, ~에서	☐ 向 xiàng	~을 향하여
☐ 在 zài	~에(서)	☐ 对 duì	~에 대해서
☐ 为 wèi	~을 위해서	☐ 关于 guānyú	~에 관해서
☐ 为了 wèile	~을 위해서	☐ 根据 gēnjù	~에 근거해서
☐ 给 gěi	(~에게 …을) 주다	☐ 比 bǐ	~보다
☐ 和 hé	~와(과)	☐ 把 bǎ	~을(를)
☐ 跟 gēn	~와(과)	☐ 被 bèi	~에 의해서
☐ 离 lí	~에서, ~까지		

从
cóng

(전) ~로부터, ~에서

从这儿到那儿不远，只要两分钟就到了。
Cóng zhèr dào nàr bù yuǎn, zhǐyào liǎng fēnzhōng jiù dào le.
여기에서 거기까지 멀지 않으니까 2분이면 바로 도착할 것이다.

我们都在北京留学，他去年从日本来
Wǒmen dōu zài Běijīng liú xué, tā qùnián cóng Rìběn lái
的，我今年从韩国来的。
de, wǒ jīnnián cóng Hánguó lái de.
우리는 모두 북경에서 유학을 하는데 그는 작년에 일본에서 왔고, 나는 올해 한국에서 왔다.

'从'은 주로 시간과 장소 등의 '시작점, 출발점'을 나타내며 자주 쓰이는 관용적인 표현은 다음과 같습니다.

(1) 주로 '(어떤 시간, 장소)로부터 …까지'의 뜻으로 '从 ~ 到…'를 씁니다.
: 小王从早上 9 点到晚上 5 点一直学习。
샤오왕은 아침 9시부터 저녁 5시까지 계속 공부한다.
* 一直 yìzhí 줄곧, 계속해서

(2) '~부터 시작해서'의 뜻으로 '从 ~ 起(=开始)'를 씁니다.
: 从今天起, 我就要在中国学习、生活了。
오늘부터 나는 중국에서 공부하고 생활할 것이다.

(3) '~로부터(~에서) 오다'는 뜻으로 '从 ~ 来'를 씁니다.
: 她从北京来的。 그녀는 북경에서(~으로부터) 왔다.

在
zài

(전) (어떤 시간) 에, (어떤 장소)에서
(동) (~에) 있다

这件礼物, 你是在哪里买的？ 能不能
Zhè jiàn lǐwù, nǐ shì zài nǎli mǎi de? Néng bu néng

告诉我？
gàosu wǒ?

이 선물을 너는 어디서 산거니? 나한테 말해줄 수 있어?

他现在不在家, 去超市买东西了。
Tā xiànzài bú zài jiā, qù chāoshì mǎi dōngxi le.

그는 지금 집에 없고 슈퍼마켓에 물건을 사러 갔다.

(1) '在'는 문장 중에 서술어가 있으면 서술어 앞의 전치사로 쓰이는데 이 경우 장소 또는 시간을 나타내는 명사나 대명사와 함께 쓰여 전치사 구를 이룹니다.
: 주어+ [在(전) + 명사/대명사] + 서술어。
ㄴ 시간, 장소

(2) '在'는 문장 중에 서술어가 없으면 직접 서술어로 쓰이는데 이 경우 뒤에 장소 목적어가 옵니다. : 주어 + 在(동) + 장소 목적어。

为
wèi

(전) ~을 위해서 (…해 주다)

妈妈为儿子很操心。
Māma wèi érzi hěn cāoxin.

엄마는 아들을 위해 매우 신경을 쓰신다.

* 操心 cāoxin 마음을 쓰다, 신경을 쓰다

妈妈为我和爸爸准备了晚饭。
Māma wèi wǒ hé bàba zhǔnbèi le wǎnfàn.
엄마는 나와 아빠를 위해 저녁을 준비하셨다.

为了
wèile

(전) ~을 위해서

为了您的健康, 请不要抽烟。
Wèile nín de jiànkāng, qǐng búyào chōu yān.
당신의 건강을 위해서 담배를 피우지 마세요.

为了学习汉语, 我来到中国留学。
Wèile xuéxí Hànyǔ, wǒ láidào Zhōngguó liú xué.
중국어를 공부하기 위해서 나는 중국에 유학을 왔다.

보카 활용포인트

(1) '为了'는 '为'와 같은 뜻이지만 '为了'는 보통 문장 맨 앞에 씁니다.
: 为了明天, 我们在努力学习。
내일을 위해서 우리는 열심히 공부하고 있다.
(2) '为了' 뒤에는 '동사(구)'가 올 수 있습니다.
: 为了祝贺他的生日, 我送给他一件礼物。
그의 생일을 축하하기 위해서 나는 그에게 선물을 하나 하였다.

给
gěi

(전) (~에게 …을) 주다

他给我讲了一个故事。
Tā gěi wǒ jiǎng le yí ge gùshi.
그는 나에게 이야기를 하나 해주었다.

我给女朋友看了我小时候的照片。
Wǒ gěi nǚ péngyou kàn le wǒ xiǎo shíhou de zhàopiàn.
나는 여자 친구에게 어릴 때 사진을 보여 주었다.

보카 활용포인트

'给'와 '为'는 둘 다 '~에게(~을 위해서) …을 주다'는 뜻입니다.
(1) '~을 위해 (이로운 것)을 주다'는 뜻인 경우 '给'와 '为'는 바꾸어 쓸 수 있습니다.
: 王大夫(给/为)病人治病。왕 닥터는 환자를 치료해 준다.
* 治病 zhìbìng 치료하다, 병을 고치다
(2) '~에게 (나쁜 것, 바라지 않는 것)을 주다'는 뜻인 경우 '为'는 쓸 수 없고 '给'만 쓸 수 있습니다.
: 他给我找麻烦。그는 일부러 나를 귀찮게 한다.
* 找麻烦 zhǎo máfan 귀찮게 하다, 폐를 끼치다

和
hé

(전) ~와(과)

妈妈买了梨和苹果回家。
Māma mǎi le lí hé píngguǒ huí jiā.
엄마는 배와 사과를 사서 집으로 돌아 가셨다.

星期天，我和朋友一起聊天，一起
Xīngqī tiān, wǒ hé péngyou yìqǐ liáo tiān, yìqǐ

去看电影。
qù kàn diànyǐng.
일요일에 나는 친구와 함께 잡담을 하고, 같이 영화를 보러 갔다.

* 聊天 liáo tiān 한담하다, 잡담하다

跟
gēn

(전) ~와(과) (동) 따라가다

今天我跟妈妈去了菜市场，买了很多
Jīntiān wǒ gēn māma qù le cài shìchǎng, mǎi le hěn duō

东西。
dōngxi.
오늘 나는 엄마와 야채 시장에 가서 물건을 많이 샀다.

她跟着丈夫去国外旅游。
Tā gēnzhe zhàngfu qù guówài lǚyóu.
그녀는 남편을 따라 해외여행을 간다.

> **보카 활용 포인트**
>
> '跟'은 '둘 이상이 함께함'을 나타내며 '和'와 동의어입니다. 자주 쓰이는 관
> 용적인 표현은 다음과 같습니다.
> : 跟 ~ (一起 ~와 함께 / 吵架 ~와 싸우다 / 见面 ~와 만나다 / 约会
> ~와 약속하다 / 有关系 ~와 관계가 있다 / 没(有)关系 ~와 관계가 없
> 다 / 一样 ~와 같다 / 不一样 ~와 다르다)
> * 吵架 chǎojià ~와 말다툼하다, 싸우다, 다투다
> * 约会 yuēhuì ~와 (만날) 약속을 하다

离
lí

(전) ① (어떤 장소)에서 ② (어떤 시간)까지

公共汽车站离我家很近。
Gōnggòng qìchē zhàn lí wǒ jiā hěn jìn.
버스정류장은 우리 집에서 매우 가깝다.

离上课时间还有十分钟。

Lí shàng kè shíjiān hái yǒu shí fēnzhōng.

수업 시간까지는 아직 10분이 남았다.

> **보카 활용포인트**
>
> (1) '离'는 '기준이 되는 장소에서 거리가 얼마 떨어져 있다'는 뜻입니다.
> : 我家离补习班很(近 / 远 / 不太远)。
>   우리 집은 학원에서 가깝다(멀다/별로 멀지않다).
>
> (2) '离'는 '기준이 되는 어떤 시간까지 시간이 얼마 남아있다'는 뜻입니다.
>   이 경우 주어를 쓰지 않으며 '离'를 문장 맨 앞에 씁니다.
> : 离上课时间还有(十分钟 / 还早)。
>   수업시간까지는 아직 (10분이 남아 있다 / 아직 시간이 있다.)
>
> (3) '在 / 离 / 到'를 쉽게 구별하는 방법
>   ① '(어떤 시간)에 또는 (어떤 장소)에서 ~하다'는 뜻인 경우 在를 씁니다.
>   ② '(어떤 장소)에서 거리가 얼마 떨어져 있다'는 뜻인 경우 离를 씁니다.
>   ③ '(어떤 시간)까지 시간이 얼마 남아있다'는 뜻인 경우 离를 씁니다.
>   ④ '(어떤 시간이나 장소)에서(로부터) ~까지'라는 뜻인 경우 '从 ~ 到
>   …'를 씁니다.

向
xiàng

(전) ~을 향하여

我向他道歉, 他原谅了我。

Wǒ xiàng tā dào qiàn, tā yuánliàng le wǒ.

나는 그한테 사과를 했고, 그는 나를 용서했다.

老师帮助我学习英语, 我向老师表示

Lǎoshī bāngzhù wǒ xuéxí Yīngyǔ, wǒ xiàng lǎoshī biǎoshì

感谢。

gǎnxiè.

선생님께서 내 영어 공부를 도와주셔서 나는 선생님께 감사를 표시하
였다.

> **보카 활용포인트**
>
> (1) 전치사 '向'은 방향을 나타내는 낱말입니다.
> (2) '向'은 '~한테 (추상적인 동사)를 하다'는 뜻인 경우에도 씁니다.
> : 我向他(学习 / 借 / 请教 / 要求 / 道歉)。
>   나는 그한테 (배우다 / 빌리다 / 묻다, 가르침을 구하다 / 요구하다 / 사
>   과하다)

对
duì

(전) ~에 대해서

他对这件事不关心。
Tā duì zhè jiàn shì bù guānxīn.
그는 이 일에 대해 관심이 없다.

对你的到来，我们表示欢迎。
Duì nǐ de dàolái, wǒmen biǎoshì huānyíng.
당신이 온 것에 대해서 우리는 환영을 표합니다.

关于
guānyú

(전) ~에 관해서

关于交通问题，我们讨论了半天。
Guānyú jiāotōng wèntí, wǒmen tǎolùn le bàntiān.
교통 문제에 관해서 우리는 한참동안 토론하였다.

我读了很多关于中国历史方面的书。
Wǒ dú le hěn duō guānyú Zhōngguó lìshǐ fāngmiàn de shū.
나는 중국 역사 방면에 관한 책을 많이 읽었다.

> **보카 활용포인트**
> (1) '대상에 대해서'라는 뜻인 경우 '对'를 쓰고, '내용에 관해서'라는 뜻인 경우 '关于'를 씁니다.
>   : (关于)交通问题，我们讨论了半天。 [토론의 내용이 '교통문제'임]
>   교통문제에 관해서 우리는 한참동안 토론을 하였다.
>   * 交通 jiāotōng 교통
> (2) '关于'는 부사어 자리인 주어와 서술어 사이에 쓸 수 없고, 부사어로 쓰인 경우 반드시 문장 맨 앞에 써야 합니다.
>   : (关于秩序问题)，我提出了不少意见。
>   질서문제에 관해서 나는 많은 의견을 내놓았다.
>   * 秩序 zhìxù 질서
> (3) '关于'는 관형어 자리인 명사/대명사 앞에 쓸 수 있습니다.
>   : 我看了一本(关于中国历史方面的)书。
>   나는 중국 역사 방면에 관한 책을 읽었다.
>   * 历史 lìshǐ 역사

根据
gēnjù

(전) ~에 근거해서, ~에 따라
(동) 근거하다, 의거하다, 따르다

根据对话，我们可以知道什么？
Gēnjù duìhuà, wǒmen kěyǐ zhīdao shénme?
대화에 근거해서 우리는 무엇을 알 수 있나요?

根据你说的地址，我找到了他家。
Gēnjù nǐ shuō de dìzhǐ, wǒ zhǎodào le tā jiā.
네가 말해준 주소에 따라서 우리는 그의 집을 찾았다.

* 地址 dìzhǐ 주소

比
bǐ

(전) ~보다

他比我大两岁，个子比我高。
Tā bǐ wǒ dà liǎng suì, gèzi bǐ wǒ gāo.
그는 나보다 2살이 많고, 키가 나보다 크다.

她比我成绩好，经常受到老师的称赞。
Tā bǐ wǒ chéngjì hǎo, jīngcháng shòudào lǎoshī de chēngzàn.
그녀는 나보다 성적이 좋아서 자주 선생님의 칭찬을 받는다.

* 成绩 chéngjì 성적
* 称赞 chēngzàn 칭찬(하다)

> **보카 활용포인트**
> (1) '比'는 같은 대상을 서로 비교할 때 씁니다.
> (2) '比'자 비교구문에서 형용사 서술어 앞에 '훨씬', '더욱'이라는 뜻을 가진 부사 '还', '更'을 함께 쓸 수 있습니다.
> : 我的个子比他的个子(还 / 更)高。
>   내 키는 그의 키보다 (훨씬 / 더) 크다.
> (3) '比'자 비교구문에서 형용사 서술어 뒤에 '좀, 약간 ~하다' 또는 '훨씬 ~ 하다'는 뜻의 보어를 쓸 수 있습니다.
> : 我的汉语水平比她高(一点 / 一些)。
>   내 중국어 수준은 그녀보다 좀 높다.
>   我的汉语水平比她高(得多 / 多了)。
>   내 중국어 수준은 그녀보다 훨씬 높다.

把
bǎ

(전) ~을(를)

我把钱包丢了，怎么办？
Wǒ bǎ qiánbāo diū le, zěnme bàn?
내가 지갑을 잃어버렸는데 어떡하지?

对不起，我把我的书包忘在餐厅了。
Duìbuqǐ, wǒ bǎ wǒ de shūbāo wàng zài cāntīng le.
미안해. 내가 책가방을 식당에 두고 왔어.

보카활용포인트
(1) '把'는 '주어가 목적어를 능동적으로 처리 또는 처치해서 그 결과 ~되다' 는 뜻입니다. 이 경우 주어는 동작을 하는 주체이고 '把' 뒤의 목적어는 동작을 받는 자입니다.
(2) '把'자 구문에서 서술어 뒤에는 보통 '了, 着, 보어, 목적어' 등 기타 다른 성분을 함께 씁니다.

被
bèi

(전) ~에게 …당하다

回家的路上他被车子撞了。
Huí jiā de lù shang tā bèi chēzi zhuàng le.
집으로 돌아가는 길에 그는 차에 부딪혔다.

* 撞 zhuàng 부딪치다, 마주치다, 충돌하다

这个作品被称为世界之作。
Zhè ge zuòpǐn bèi chēngwéi shìjiè zhī zuò.
이 작품은 세계적인 작품으로 불리운다.

* 称为 chēngwéi ~(이)라고 부르다

보카활용포인트
(1) '被'는 '주어가 ~에 의해서 (피동적으로) … 당하다'는 뜻입니다. 이 경우 주어는 동작을 받는 자이고, '被' 뒤의 명사/대명사는 주체입니다.
(2) '被'자 구문에서 서술어 뒤에는 보통 '了, 过, 보어, 목적어'등 기타 다른 성분을 함께 씁니다.
(3) '被' 뒤의 명사/대명사를 생략하고 '被'를 서술어 바로 앞에 쓸 수 있습니다.

주로 동작이나 행위를 나타내는 동사와 상태나 성질을 묘사하는 형용사를 수식하는 낱말을 '부사'라고 합니다. 부사는 서술어인 동사와 형용사 앞에서 시간, 중복이나 빈도, 어투, 범위, 정도 및 긍정이나 부정의 상황을 설명하는데 쓰입니다. 그밖에 부사는 두 개의 동사나 형용사의 사이에서 상호관계를 나타내는 접속사 역할을 하기도 합니다.

(1) 시간관련 부사

□ 一会儿 yíhuìr	잠시 후에, 조금 있다가		□ 已经 yǐjing	이미, 벌써
□ 突然 tūrán	갑자기, 별안간		□ 才 cái	비로소
□ 就 jiù	곧, 바로		□ 总(是) zǒng(shì)	늘, 항상
□ 马上 mǎshàng	곧, 바로		□ 一直 yìzhí	줄곧, 계속해서
□ 正在 zhèngzài	지금 ~하고 있(는 중이)다			

一会儿
yíhuìr

(부) 잠시 후에, 조금 있다가
(보) 잠깐 동안, 짧은 시간동안

我电话挂了，我们一会儿见！
Wǒ diànhuà guà le, wǒmen yíhuìr jiàn!
전화 끊을게, 우리 좀 있다 보자!

我过一会儿再联系吧。
Wǒ guò yíhuìr zài liánxì ba.
내가 조금 있다가 다시 연락할게.

我现在有点忙，请等我一会儿。
Wǒ xiànzài yǒudiǎn máng, qǐng děng wǒ yíhuìr.
제가 지금 좀 바쁜데 잠시만 기다려주세요.

(1) '一会儿'이 서술어 앞의 부사로 쓰이는 경우 '잠시 후에, 조금 이따가'라는 뜻입니다.
(2) '一会儿'이 동사 뒤의 '시량보어'로 쓰이는 경우 '잠깐 동안, 짧은 시간동안 (~하다)'는 뜻입니다. 시량보어(时量词)란 一个小时(한 시간), 两天(이틀), 三个月(3개월)처럼 '시간이 흘러간 양'을 나타내는 낱말을 말합니다.

突然 tūrán

(부) 갑자기, 별안간, 돌연히

孩子突然哭起来了。
háizi tūrán kū qǐlai le.
아이는 별안간 울기 시작했다.

他身体一直很好，没想到突然病了。
Tā shēntǐ yìzhí hěn hǎo, méi xiǎngdào tūrán bìng le.
그는 줄곧 건강했는데 갑자기 병이 날 줄은 생각지도 못했다.

* 没想到 méi xiǎngdào 생각지 못하다, 뜻밖이다

就 jiù

(부) 곧, 바로, 즉시

我等了不久，他就来了。
Wǒ děng le bù jiǔ, tā jiù lái le.
내가 기다린 지 얼마 안 돼서 그가 바로 왔다.

他马上就去火车站，应该能赶上火车。
Tā mǎshàng jiù qù huǒchēzhàn, yīnggāi néng gǎnshàng huǒchē.
그가 바로 기차역으로 갈 거니까 기차를 탈 수 있을 것이다.

* 赶上 gǎnshàng 시간에 대다

过了这个路口，一直走就到邮局了。
Guò le zhè ge lùkǒu, yìzhí zǒu jiù dào yóujú le.
이 골목을 지나서 계속 가면 곧 우체국에 도착한다.

* 路口 lùkǒu 갈림길, 길목

马上 mǎshàng

(부) (멀지 않은 미래에) 곧, 바로 (~할 것이다)

你别着急，我马上出发。
Nǐ bié zháo jí, wǒ mǎshàng chūfā.
조급해 하지 마, 내가 곧 출발할게.

你等一会儿，我马上就回来。
Nǐ děng yíhuìr, wǒ mǎshàng jiù huílái.
조금만 기다려, 내가 곧 바로 돌아올게.

> **보카 활용포인트**
> (1) '就'는 '짧은 시간 내에 발생함', '시간이 얼마 안 걸렸음' 또는 '빠르게 실현됨'을 나타내며 앞 절에 시간이 짧음을 나타내는 단어가 있는 경우 뒤절의 부사자리에 '就'를 씁니다.
> (2) '马上'은 '어떤 일이 곧 일어날 것임'을 나타냅니다. 주어 앞이나 뒤에 모두 쓸 수 있고, 뒤에는 '就'나 '就要 ~ 了'를 함께 쓸 수 있습니다.

正在
zhèngzài

(부) (때) 마침, 지금 ~하고 있(는 중이)다

我正在上网玩游戏。
Wǒ zhèngzài shàng wǎng wán yóuxì.
나는 인터넷으로 게임을 하고 있는 중이다.

他们正在谈论着那部新电影。
Tāmen zhèngzài tánlùn zhe nà bù xīn diànyǐng.
그들은 그 새 영화에 대해 이야기를 나누고 있는 중이다.

* 谈论 tánlùn 논의(하다), 담론(하다)

> **보카 활용포인트**
> (1) '正在'는 '현재진행' 또는 '상태의 지속'을 나타내며, '正', '在'와 바꾸어 쓸 수 있습니다.
> (2) '현재진행' 또는 '상태의 지속'을 나타내는 방법으로 동사 뒤에 '着 zhe' 또는 문장 맨 끝에 '呢'를 써도 됩니다. 이 경우 세 가지를 함께 써도 되고, 두 가지 또는 한 가지만 써도 상관없습니다.
> : 我正在看着书呢。나는 지금 책을 읽고 있는 중이다.

已经
yǐjing

(부) 이미, 벌써

我已经收到了他的信。
Wǒ yǐjing shōudào le tā de xìn.
나는 이미 그의 편지를 받았다.

我已经吃晚饭了，你自己去吃吧。
Wǒ yǐjing chī wǎnfàn le, nǐ zìjǐ qù chī ba.
나는 이미 저녁식사를 했으니 너 혼자 먹으러 가라.

才
cái

(부) (~하고 나서야) 비로소

我等了很长时间，他才回来。
Wǒ děng le hěn cháng shíjiān, tā cái huílái.
내가 한참을 기다리고 나서야 그는 비로소 돌아왔다.

你怎么才来啊？ 电影早就开始了！
Nǐ zěnme cái lái a? Diànyǐng zǎojiù kāishǐ le!
너 왜 이제야 오니? 영화는 벌써 시작했는데!

* 早就 zǎojiù 벌써, 오래전에, 일찌감치

我们直到雨停了，才回家。
Wǒmen zhídào yǔ tíng le, cái huí jiā.
우리는 비가 그칠 때에야 비로소 집에 돌아갔다.

* 直到 zhídào 쭉 ~에 이르다 [주로 시간을 나타냄]

> **보카 활용포인트**
> '才'는 '일이 일어나거나 끝나는 시간이 늦었음', '시간이 오래 걸림' 또는 '시간이 느리게 실현됨'을 나타내며 앞 절에 시간이 오래 걸림을 나타내는 단어가 있는 경우 뒤 절의 부사자리에 '才'를 씁니다.

总(是)
zǒng(shì)

(부) 늘, 항상, 언제나

妈妈做家务的时候，我总是帮助她。
Māma zuò jiāwù de shíhou, wǒ zǒngshì bāngzhù tā.
엄마가 집안일을 하실 때 나는 늘 엄마를 도와드린다.

* 家务 jiāwù 집안 일

她总是在公共汽车上把座位让给老人。
Tā zǒngshì zài gōnggòng qìchē shàng bǎ zuòwèi rànggěi lǎorén.
그녀는 언제나 버스에서 어르신께 자리를 양보한다.

* 让 ràng 양보하다, 사양하다

> **보카 활용포인트**
> '总是'는 '늘, 줄곧, 언제나, 내내'의 뜻으로 지속적이고, 변하지 않음'을 나타냅니다.

22 부사

一直
yìzhí

(부) 줄곧, 계속해서

他将在北京一直呆到星期五。
Tā jiāng zài Běijīng yìzhí dāidào xīngqī wǔ.
그는 북경에서 금요일까지 계속 머무르려고 한다.

* 将 jiāng 장차, 막, 곧 (~하려고 하다)

我每天从早上8点一直学到晚上6点。
Wǒ měitiān cóng zǎoshang bā diǎn yìzhí xué dào wǎnshang liù diǎn.
나는 매일 아침 8시부터 저녁 6시까지 계속해서 공부한다.

他的健康一直是我非常担心的事。
Tā de jiànkāng yìzhí shì wǒ fēicháng dānxīn de shì.
그의 건강은 내가 계속 아주 걱정하는 일이다.

> **보카 활용포인트**
> (1) '一直'는 '시간적으로 계속해서'의 뜻으로 시간의 연속성을 강조하는 부사이며 과거, 현재, 미래에 모두 쓸 수 있습니다.
> (2) 시간과 관련 있는 전치사구가 있는 경우 그 뒤의 부사자리에 '一直'를 써야 합니다.

(2) 수량 관련 부사

☐ 一共 yígòng 모두 합해서

一共 yígòng	**(부)** 모두 합해서, 전부 합해서

你买这些东西一共花了多少钱?
Nǐ mǎi zhè xiē dōngxi yígòng huā le duōshao qián?
당신 이 물건들을 모두 합해서 얼마를 주고 샀어요?

买书、看电影、吃饭,我一共花了
Mǎi shū、kàn diànyǐng、chī fàn, wǒ yígòng huā le

200元。
liǎng'bǎi yuán.
책 사고, 영화 보고, 밥을 먹는데 나는 전부 200위안을 썼다.

> **보카 활용포인트**
> '一共'은 수량과 함께 쓰는데 수량 바로 앞에도 올 수 있습니다.
> : 一斤苹果和一斤香蕉一共 6 块钱。
> 사과 한 근과 바나나 한 근은 전부 6원이다.
> * 苹果 píngguǒ 사과
> * 香蕉 xiāngjiāo 바나나

(3) 중복 · 빈도 관련 부사

☐ 还	hái	아직도	☐ 经常 jīngcháng	자주
☐ 再	zài	다시	☐ 先 xiān	먼저, 우선
☐ 又	yòu	또	☐ 然后 ránhòu	~하고 나서, 그러한 후에
☐ 也	yě	~도 또한, 그리고 또		

还 hái	**(부)** (예전처럼) 아직도, 여전히, 변함없이, 계속해서

都九点了,他还没有来。
Dōu jiǔ diǎn le, tā hái méi yǒu lái.
이미 9시가 되었는데 그는 아직 오지 않았다.

我上个月读了这本书, 下个月还要读
Wǒ shàng ge yuè dú le zhè běn shū, xià ge yuè hái yào dú

这本书。
zhè běn shū.

나는 지난달에 이 책을 읽었는데 다음 달에 이 책을 또 읽을 것이다.

再
zài

(부) 다시, 또, 재차

你再说一遍, 好吗?
Nǐ zài shuō yí biàn, hǎo ma?

네가 다시 한 번 말해줄래?

服务员, 能再给我一杯咖啡吗?
Fúwùyuán, néng zài gěi wǒ yì bēi kāfēi ma?

저기요, 커피 한잔 더 주실래요?

보카 활용포인트 还와 再 단번에 구분하기

'还'와 '再'는 둘 다 '또, 다시'라는 뜻이며 '아직 일어나지 않은 것에 대한 반복'에 쓸 수 있습니다.

(1) '변함없이, 계속해서'의 뜻인 경우 还를 씁니다.

(2) 예전에 그랬는지 안 그랬는지 모르는 경우 또는 돌발 상황이 발생한 경우에는 再를 씁니다.

(3) '还'는 대부분 부정부사 '没' 또는 '不' 앞에 쓰는 경우가 많습니다. [还(没/不)+서술어]

: 我还没告诉他们今天发生的事。
나는 아직 그들에게 오늘 일어난 일을 말하지 않았다.

* 发生 fāshēng 발생하다, 일어나다, 생기다

(4) ① 조동사 앞에는 '还'를 씁니다.

: 还(可以 ~해도 된다, ~할 수 있다 / 会 ~일 것이다/ 要 ~해야 된다/ 得 ~해야 된다)

② '再'는 조동사 뒤에 씁니다.

: 这个粥, 你要再煮一下, 就能喝了。
이 죽은 네가 좀 더 끓이고 나서 먹을 수 있다.

* 粥 zhōu 죽

(5) '반문구' 또는 '의문문' 형태에서는 '还'를 씁니다.

: 你汉语学的时间很短, 还能理解我说话的意思呢?
너는 중국어를 배운 시간이 매우 짧은데 어떻게 내가 한 말의 뜻을 이해할 수 있겠니?

又
yòu

(부) 또, 다시

到了七月, 我们又该放假了。
Dào le qī yuè, wǒmen yòu gāi fàng jià le.

7월이 되었고, 우리는 또 방학을 할 때가 되었다.

我上个月读了这本书，这个月又读了
Wǒ shàng ge yuè dú le zhè běn shū, zhè ge yuè yòu dú le
这本书。
zhè běn shū.
나는 지난달에 이 책을 읽었는데 이번 달에 또 이 책을 읽었다.

> **보카 활용포인트** 还와 又 단번에 구분하기
>
> '还'와 '又'는 모두 '변함없이, 계속해서'의 뜻을 가지고 있습니다.
> (1) 아직 일어나지 않은 미래에 대한 반복인 경우 还를 씁니다.
> (2) 이미 일어난 과거에 대한 반복인 경우 又를 쓰며 이 경우 '又 + 동사 +
> 了'의 형태로 대부분 동사 뒤의 완성을 나타내는 '了'와 함께 씁니다.

也
yě

(부) ~도 또한, 그리고 또

我回家了，他也回家了。
Wǒ huí jiā le, tā yě huí jiā le.
내가 집에 돌아갔고 그도 집에 돌아갔다.

你也看过这本书？觉得怎么样？
Nǐ yě kànguo zhè běn shū? Juéde zěnmeyàng?
너도 이 책을 본적이 있니? 어땠어?

> **보카 활용포인트**
>
> '也'는 '(주어)도', '(주어)도 또한'이라는 뜻입니다.
> (1) ① 두 사람이나 두 사물의 동작 또는 상태가 같음을 나타냅니다. 두 문장
> 으로 되어 있는 경우 즉, 주어가 2개이고 서술어가 같거나 비슷할 때
> 두 번째 주어 바로 뒤에 씁니다.
> [주어₁ + 서술어 ~ , 주어₂ + 也(부) + 서술어 ~ .]
> : 这本书是中文的，那本书也是中文的。
> 이 책은 중국어로 된 책이고, 그 책도 중국어로 된 책이다.
> ② '~는 …하고, ~도 …하다'는 뜻으로 주어와 서술어가 각각 2개일 때
> '也'는 두 번째 주어 뒤에 쓸 수 있습니다.
> [주어₁ + 서술어₁ ~ , 주어₂ + 也(부) + 서술어₂ ~ .]
> : 天阴了，风也刮起来了。 날이 흐렸고, 바람도 불기 시작했다.
> * 阴 yīn 날이 흐리다 * 风 fēng 바람 * 刮 guā 바람이 불다
> (2) '주어는 ~하면서 …하다'는 뜻으로, 주어가 1개이고, 서술어가 2개인 경
> 우에도 쓸 수 있습니다.
> [주어 + 也 + 서술어₁ ~ , 也(부) + 서술어₂ ~ .]
> : 老师也讲课，也提出问题。
> 선생님께서는 수업을 하시면서 문제를 내셨다.
> * 提出 tí chū 제기하다, (꺼)내다 / 제출하다

经常
jīngcháng

(부) 자주, 항상, 늘

他经常给我发电子邮件。
Tā jīngcháng gěi wǒ fā diànzǐ yóujiàn.
그는 자주 나에게 메일을 보낸다.

我的老师经常鼓励我们努力学习。
Wǒ de lǎoshī jīngcháng gǔlì wǒmen nǔlì xuéxí.
우리 선생님은 항상 우리에게 열심히 공부하라고 격려해주신다.

* 鼓励 gǔlì 격려하다, 북돋우다

先
xiān

(부) 먼저, 우선, 처음

这本书还是你先看吧。
Zhè běn shū háishi nǐ xiān kàn ba.
이 책은 아무래도 네가 먼저 보는 것이 낫겠다.

* 还是 háishi ~ (吧 ba) 아무래도 (역시) ~하는 편이 낫다, 더 좋다

我今天先去图书馆看书，然后再回家。
Wǒ jīntiān xiān qù túshūguǎn kàn shū, ránhòu zài huí jiā.
나는 오늘 우선 도서관에 가서 책을 보고나서 집에 갈 것이다.

然后
ránhòu

(부) ~하고 나서, 그러한 후에, (앞의 것을 하고 난 그) 다음에

他先写完作业，然后去玩儿了。
Tā xiān xiěwán zuòyè, ránhòu qù wár le.
그는 우선 숙제를 다 하고 나서 그런 다음에 놀러갔다.

请大家先看书，然后再回答问题。
Qǐng dàjiā xiān kàn shū, ránhòu zài huídá wèntí.
여러분 먼저 책을 보고 나서 질문에 대답하세요.

> **부가 활용포인트**
> '先'과 '然后'는 관용적으로 '先 ~ 然后(再) …'의 형태로 쓰는데 이 경우 동작의 순서를 나타냅니다.

⑷ 범위 관련 부사

□ 只 zhǐ	겨우, 단지		□ 都 dōu	모두, 전부
□ 只是 zhǐshì	단지		□ 几乎 jīhū	거의, 대부분
			□ 一起 yìqǐ	함께, 같이

只
zhǐ

(부) 겨우, 단지, 다만, 오로지

我只看见小李一个人，其他人没看见。
Wǒ zhǐ kànjiàn XiǎoLǐ yí ge rén, qítā rén méi kànjiàn.
나는 오직 샤오리 한명만 보았고 다른 사람은 보지 못했다.

我只喜欢白色，其他颜色我都不喜欢。
Wǒ zhǐ xǐhuan báisè, qítā yánsè wǒ dōu bù xǐhuan.
나는 오로지 흰색만 좋아하고 다른 색깔은 다 좋아하지 않는다.

只是
zhǐshì

(부) 단지 (~일 뿐이다)

我只是开玩笑而已，你别生气。
Wǒ zhǐshì kāi wánxiào éryǐ, nǐ bié shēng qì.
나는 단지 농담한 것뿐이니 화내지 마라.

* 而已 éryǐ ~일 뿐이다

他没吃饭，只是喝了一点儿牛奶。
Tā méi chī fàn, zhǐshì hē le yìdiǎr niúnǎi.
그는 밥을 안 먹었고 단지 우유를 조금 마셨을 뿐이다.

> **보카 활용포인트**
>
> ⑴ ① '只'는 '수량이 적음' 또는 '범위가 제한 적임'을 나타내며 수량과 함께
>   쓰이는 경우가 많습니다.
>   : 桌子上只有几本书。책상 위에는 겨우 책 몇 권만 있다.
> ② 관용적으로 '只 + 적은 수량 / 제한된 범위, 就 + 많은 수량.'의 형태
>   로 쓰입니다.
>   : 我只进公园门口，就花了一个多小时。
>   나는 공원 입구에 들어서는데만 한 시간이 넘게 걸렸다.
> ③ '只 + 주어 ~'의 형태로 '오로지 주어만 ~하다'는 뜻으로 쓸 수 있는데
>   이 경우 주어 자리에는 수량이 적음을 나타내는 낱말이 와야 합니다.
>   : 大家都来了，只他一个人没来。
>   모두가 다 왔는데 그 한 사람만 안 왔다.
> ⑵ '只是'는 '단지 ~일 뿐이다'는 뜻으로 뒤의 '罢了(bàle), 而已(éryǐ),
>   就是了(jiùshile)'와 호응하여 쓰이는 경우가 많습니다.
>   : 我只是想去看看你，没有别的事情。
>   나는 단지 너를 좀 보러가고 싶을 뿐이지 다른 일은 없다.

都
dōu

(부) 모두

事情过了好几天了，我都忘记了。
Shìqing guò le hǎo jǐ tiān le, wǒ dōu wàngjì le.
일이 지난 지 여러 날이 되어서 나는 이미 잊었다.

几乎
jīhū

(부) 거의

今天天气不好，饭店几乎没有人来吃饭。
Jīntiān tiānqì bù hǎo, fàndiàn jīhū méi yǒu rén lái chī fàn.
오늘 날씨가 안 좋아서 레스토랑에 식사하러 오는 사람이 거의 없다.

* 饭店 fàndiàn 호텔, 여관 / 레스토랑, 식당

一起
yìqǐ

(부) 함께, 같이

你现在能和我们一起聊天吗？
Nǐ xiànzài néng hé wǒmen yìqǐ liáo tiān ma?
너 지금 우리랑 같이 이야기 할 수 있니?

吃完晚饭后，家里人一起看电视。
Chīwán wǎnfàn hòu, jiāli rén yìqǐ kàn diànshì.
저녁을 다 먹고 나서 가족들은 같이 TV를 본다.

부사 활용포인트
(1) '一起'는 함께 어떤 구체적인 동작이나 행동을 하다는 뜻입니다.
 : 我们一起去看电影。 우리는 함께 영화 보러 간다.
(2) '和'가 있는 경우 '和 ~ 一起'의 형태로 씁니다.
 : 我和他一起工作。 나와 그는 함께 일한다.
(3) '在'가 있는 경우 '在一起'의 형태로 씁니다.
 : 从去年起，我们一直在一起。 작년부터 우리는 줄곧 함께 있었다.
　咱们俩在一起学习。 우리 둘은 함께 공부한다.

(5) 어기 관련 부사

☐ 终于 zhōngyú	결국은, 마침내	
☐ 其实 qíshí	(그러나) 사실은	

终于
zhōngyú

(부) 결국은, 드디어, 마침내

我用了三天时间, 终于完成作业了。
Wǒ yòng le sān tiān shíjiān, zhōngyú wánchéng zuòyè le.
나는 3일 만에 결국은 숙제를 다 끝냈다.

我们坐了十几个小时的飞机, 终于
Wǒmen zuò le shí jǐ ge xiǎoshí de fēijī, zhōngyú

到达了美国。
dàodá le Měiguó.
우리는 10 여 시간동안 비행기를 타고 마침내 미국에 도착하였다.

* 到达 dàodá (장소에) 도착하다, 도달하다

> **보카 활용포인트**
> '终于'는 '시간이나 노력을 들여서 결국, 마침내 ~했다' 는 완성의 의미를
> 나타냅니다.

其实
qíshí

(부) (그러나) 사실은

朋友请我吃饭, 其实我不想去吃饭。
Péngyou qǐng wǒ chī fàn, qíshí wǒ bù xiǎng qù chī fàn.
친구가 나에게 한턱낸다고 했지만 사실 나는 식사하러 가고 싶지 않다.

外面其实不冷, 我们出去玩吧。
Wàimiàn qíshí bù lěng, wǒmen chū qu wán ba.
밖은 사실 춥지 않으니까 우리 놀러 나가자.

(6) 정도 관련 부사

☐ 比较 bǐjiào	비교적		☐ 越 ~ 越 … yuè ~ yuè …	~하면 할수록 더 …하다
☐ 很 hěn	매우, 아주		☐ 越来越 yuèláiyuè	점점 더, 더욱더
☐ 非常 fēicháng	대단히, 매우		☐ 更 gèng	더욱
☐ 太 tài	몹시, 너무		☐ 更加 gèngjiā	더욱
☐ 特别 tèbié	특(별)히			
☐ 真 zhēn	정말			
☐ 多么 duōme	얼마나, 아주			
☐ 极 jí	아주, 지극히			
☐ 最 zuì	가장, 제일			

比较
bǐjiào

(부) 비교적, 상당히

一年四季中我比较喜欢春天。
Yì nián sìjì zhōng wǒ bǐjiào xǐhuan chūntiān.
나는 일 년 4계절 중에서 봄을 상당히 좋아한다.

和昨天比起来，今天比较热。
Hé zuótiān bǐ qǐlái, jīntiān bǐjiào rè.
어제와 비교하면 오늘은 비교적 덥다.

很
hěn

(부) 아주, 매우

他平时做事很认真。
Tā píngshí zuò shì hěn rènzhēn.
그는 평소에 일을 매우 열심히 한다.

我有很重要的事情要告诉你。
Wǒ yǒu hěn zhòngyào de shìqing yào gàosu nǐ.
내가 너한테 알려줘야 할 아주 중요한 일이 있다.

非常
fēicháng

(부) 대단히, 매우

我非常了解我的朋友。
Wǒ fēicháng liǎojiě wǒ de péngyou.
나는 내 친구를 아주 잘 안다.

妈妈做的汤非常美味。
Māma zuò de tāng fēicháng měiwèi.
엄마가 만든 국은 매우 맛있다.

* 汤 tāng 국, 탕
* 美味 měiwèi 맛있는 음식, 진미 / 맛이 좋다

太
tài

(부) 몹시, 너무, 지나치게

这里的风景真是太美了！
Zhèlǐ de fēngjǐng zhēn shì tài měi le!
이곳의 풍경은 정말 너무 아름답다!

你能来，我真是太高兴了！
Nǐ néng lái, wǒ zhēn shì tài gāoxìng le!
네가 올 수 있어서 나는 정말 너무 기쁘다.

보카 활용포인트
'太'는 보통 맨 뒤에 '了'와 함께 씁니다.

特别
tèbié

(부) ① 특히, 매우, 아주 ② 특별히, 일부러
(형) 특별하다, 특이하다

我特别喜欢游泳，经常去游泳池游泳。
Wǒ tèbié xǐhuan yóuyǒng, jīngcháng qù yóuyǒngchí yóuyǒng.
나는 수영을 아주 좋아해서 자주 수영장에 수영하러 간다.

* 游泳池 yóuyǒngchí 수영장
* 游泳 yóuyǒng 수영하다

我特别准备了送你的礼物。
Wǒ tèbié zhǔnbèi le sòng nǐ de lǐwù.
나는 특별히 너에게 줄 선물을 준비했다.

朋友送给我的这件礼物很特别。
Péngyou sònggěi wǒ de zhè jiàn lǐwù hěn tèbié.
친구가 나에게 보내준 이 선물은 매우 특별하다.

真
zhēn

(부) 정말, 매우, 아주

我真幸运啊，得了一等奖！
Wǒ zhēn xìngyùn a, dé le yī děng jiǎng!
나는 정말 운이 좋아서 1등상을 탔다!

* 幸运 xìngyùn (행)운 / 운이 좋다, 행운이다
* 奖 jiǎng 상

今天的菜做得可真辣啊!
Jīntiān de cài zuò de kě zhēn là a!
오늘 만든 요리는 정말 맵다!

多么
duōme

(부) 얼마나, 아주

我多么希望成为一个科学家。
Wǒ duōme xīwàng chéngwéi yí ge kēxuéjiā.
나는 과학자가 되기를 매우 희망한다.

这是一朵多么美丽的花啊!
Zhè shì yì duǒ duōme měilì de huā a!
이것은 얼마나 아름다운 꽃인가!

极
jí

(부) 아주, 지극히, 몹시, 매우

外面下雨了, 他开车极小心。
Wàimiàn xià yǔ le, tā kāi chē jí xiǎoxin.
밖에 비가 내려서 그는 운전하는 것이 극도로 조심스러웠다.

他和爸爸吵架了, 极不愿意回家。
Tā hé bàba chǎojià le, jí bú yuànyì huí jiā.
그는 아빠와 다투어서 너무 집에 돌아가고 싶지 않았다.

* 吵架 chǎojià 다투다, 말다툼하다

最
zuì

(부) 가장, 제일

我现在最想吃的菜就是中国菜。
Wǒ xiànzài zuì xiǎng chī de cài jiù shì Zhōngguócài.
내가 지금 가장 먹고 싶은 요리는 중국요리이다.

我最喜欢去中国各地旅游, 欣赏美丽
Wǒ zuì xǐhuan qù Zhōngguó gèdì lǚyóu, xīnshǎng měilì
的风景。
de fēngjǐng.
나는 중국에 가서 각지를 여행하며 아름다운 풍경을 감상하는 것을 가
장 좋아한다.

* 各地 gèdì 각지, 각처, 여러 곳
* 欣赏 xīnshǎng 감상하다, 즐기다

越~越…
yuè~ yuè…

(부) ~하면 할수록 더 …하다

今天的雨越下越大了。
Jīntiān de yǔ yuè xià yuè dà le.
오늘 비가 점점 더 많이 내린다.

她越想越生气，最后气哭了。
Tā yuè xiǎng yuè shēng qì, zuìhòu qìkū le.
그녀는 생각할수록 점점 더 화가 나서 결국은 분해서 울었다.

* 最后 zuìhòu 최후, 제일 마지막
* 气哭 qìkū 화나서 울다

你学得越多，知道得就越多。
Nǐ xué de yuè duō, zhīdao de jiù yuè duō.
너는 많이 배우면 배울수록 더 많이 알게 된다.

越来越
yuèláiyuè

(부) 점점 더, 더욱더

他的身体越来越好了。
Tā de shēntǐ yuèláiyuè hǎo le.
그의 건강은 점점 더 좋아졌다.

现在是下班时间，路上的人越来越多。
Xiànzài shì xià bān shíjiān, lùshang de rén yuèláiyuè duō.
지금은 퇴근시간이라서 길거리의 사람들은 점점 더 많아졌다.

更
gèng

(부) 더욱, 더

我今天比昨天睡得更晚。
Wǒ jīntiān bǐ zuótiān shuì de gèng wǎn.
나는 오늘 어제보다 더 늦게 잤다.

几个月没有见到他，他比以前更胖了。
Jǐ ge yuè méi yǒu jiàndào tā, tā bǐ yǐqián gèng pàng le.
몇 달 만에 그를 만났는데 그는 전에 비해서 더 뚱뚱해 졌다.

* 胖 pàng 뚱뚱하다, 살찌다

更加
gèngjiā

(부) 더욱, 더

化妆以后，她更加漂亮了。
Huàzhuāng yǐhòu, tā gèngjiā piàoliang le.
화장을 한 뒤에 그녀는 더욱 더 예뻐졌다.

* 化妆 huàzhuāng 화장하다

下过一场雨以后, 空气更加新鲜了。
Xiàguo yì chǎng yǔ yǐhòu, kōngqì gèngjiā xīnxiān le.
비가 한차례 내리고 나서 공기는 더욱 더 신선해졌다.

* 空气 kōngqì 공기
* 新鲜 xīnxiān 신선하다, 싱싱하다

보카 활용포인트 정도부사(程度副词)

'비교적, 매우, 가장, 점점 더, 더욱 더'와 같이 정도의 의미를 가지는 부사를 정도부사라고 합니다.
(1) 정도부사는 형용사 서술어 앞에 씁니다.
: 很(好 좋다 / 漂亮 예쁘다 / 高 높다)
(2) 정도부사가 동사 서술어 앞에 쓰이는 경우 반드시 감정과 관계있는 동사 앞에 써야 합니다.
: 很(希望 바라다 / 喜欢 좋아하다 / 讨厌 싫어하다)
(3) '아주, 매우, 정말'이라는 뜻의 정도부사는 '很, 非常, 十分(shífēn), 太, 真, 多么' 등이 있습니다.
  ① '很'은 객관적인 색채가 강하고, '太, 真, 多么'는 감탄의 어기를 가지 므로 주관적인 색채가 강합니다.
  ② 마음에 들지 않는 경우에는 '太'를 쓰는 경우가 많습니다.
(4) '비교적'이라는 뜻에 가까운 정도부사는 '比较, 相当(xiāngdāng), 挺 (tǐng)' 등이 있습니다.
(5) '(둘 이상의 사람이나 사물을 비교한 후 그 중에서) 가장, 제일'이라는 뜻 의 정도부사는 '最'와 '极'가 있습니다.
(6) '점점 더, 더욱더'라는 뜻의 정도부사는 '越来越, 更, 更加' 등이 있습 니다.

(7) 긍정 · 부정 관련 부사

☐ 不 bù	~하지 않다 / ~아니다	☐ 一定 yídìng	꼭, 반드시
☐ 没 méi	~하지 않다	☐ 必须 bìxū	반드시 ~해야 한다
☐ 别 bié	~하지 마라, ~해서는 안 된다		

不
bù

(부) ① ～하지 않다 ② ～아니다

家里人不答应他去外国留学。
Jiālǐ rén bù dāyìng tā qù wàiguó liúxué.
가족들은 그가 외국으로 유학 가는 것을 허락하지 않는다.

* 答应 dāyìng 대답하다 / 허락하다, 동의하다

我不是中国人，我是韩国人。
Wǒ bú shì zhōngguó rén, wǒ shì hánguó rén.
나는 중국인이 아니라 한국인이다.

没
méi

(부) ～하지 않다

他昨天除了睡觉以外，什么也没做。
Tā zuótiān chúle shuì jiào yǐwài, shénme yě méi zuò.
그는 어제 잠자는 것 말고는 아무 것도 하지 않았다.

* 除了 ~ 以外 chúle ~ yǐwài ～을(를) 제외하고, ～이외에

我还没告诉他这件事。
Wǒ hái méi gàosu tā zhè jiàn shì.
나는 그에게 아직 이 일을 알리지 않았다.

> **보카 활용포인트**
> '不'와 '没'는 둘 다 '～하지 않다'는 뜻으로 쓸 수 있지만 '不'는 자신의 주관
> 적인 의지대로 '하고 싶지 않아서 ～하지 않다'는 뜻이고, '没'는 단순히 '～
> 하지 않았다'는 뜻으로 발생과 완성에 대한 부정을 말합니다.
> : 我今天不去图书馆。
>   나는 오늘 도서관에 가지 않는다. (자신의 의지대로 가기 싫어서 안 감)
>   我今天没去图书馆。
>   나는 오늘 도서관에 가지 않았다. (단순히 '안 갔다'는 완성의 의미임)

别
bié

(부) ～하지 마라, ～해서는 안 된다

上课了，请别说话了。
Shàng kè le, qǐng bié shuō huà le.
수업을 시작 했으니 떠들지 마세요.

你别着急，我来帮助你。
Nǐ bié zháo jí, wǒ lái bāngzhù nǐ.
조급해 하지 마, 내가 너를 도와줄게.

* 着急 zháojí 조급해하다, 초조해 하다, 마음을 졸이다

'别'는 부정을 나타내는 부사로 보통 '了'와 함께 쓰이고, 강조하기 위해서
앞에 '可 kě (그야말로, 정말)'와 함께 써도 됩니다.

一定
yídìng

(부) 꼭, 반드시

这件事你得问他，他一定知道！
Zhè jiàn shì nǐ děi wèn tā, tā yídìng zhīdao!
이 일은 네가 그에게 물어봐야 해, 그는 틀림없이 알고 있다고!

* 得 děi ～해야 한다

下周六我结婚，你一定要来喝喜酒啊！
Xià zhōu liù wǒ jié hūn, nǐ yídìng yào lái hē xǐjiǔ a!
다음 주 토요일에 나 결혼해, 너 결혼식에 꼭 와야 된다!

* 喜酒 xǐjiǔ 결혼 축하주, 결혼 축하연, 결혼 피로연

'一定'은 조동사와 함께 '一定 + 조동사'의 형태로 쓰여서 동사 앞에 쓰는
경우가 많습니다.
: 一定(会 ～일 것이다 / 能 ～할 수 있다 / 要 ～해야 된다 / 得 ～해야
된다) + 동사

必须
bìxū

(부) 반드시 (꼭) ～해야 한다

你必须认真工作，才能成功。
Nǐ bìxū rènzhēn gōngzuò, cái néng chénggōng.
너는 반드시 열심히 일해야만 비로소 성공할 수 있다.

上次考试没通过，这次他必须通过考试。
Shàng cì kǎoshì méi tōngguò, zhè cì tā bìxū tōngguò kǎoshì.
지난번 시험에 통과하지 못해서 이번에 그는 반드시 시험에 통과해야
한다.

1·2·3급 신HSK 테마별 VOCA

23 접속사

짧은 두 문장이나 절 가운데에서 하나의 긴 문장으로 연결시켜 주는 접착제 역할을 하는 낱말을 '접속사'라고 합니다.

☐ 如果	rúguǒ	만일, 만약	☐ 除了 ~ 以外 chúle ~ yǐwài		~을 제외하고
☐ 虽然	suīrán	비록 ~이지만	☐ 而且	érqiě	게다가, 또
☐ 但是	dànshì	그러나	☐ 一边	yìbiān	한편으로 (~ 하면서)
☐ 因为	yīnwèi	왜냐하면 (~ 이기 때문에)	☐ 或者	huòzhě	~이거나, ~이 아니면(…이다)
☐ 所以	suǒyǐ	그래서, 그러므로	☐ 还是	háishi	또는, 아니면

如果
rúguǒ

(접) 만일, 만약 (~라면)

你如果饿了, 就吃些蛋糕吧。
Nǐ rúguǒ è le, jiù chī xiē dàngāo ba.
네가 만약 배가 고프면 케이크 좀 먹어라.

你如果不喜欢喝咖啡, 就喝点茶吧。
Nǐ rúguǒ bù xǐhuan hē kāfēi, jiù hē diǎn chá ba.
네가 만약 커피를 좋아하지 않는다면 차를 좀 마셔라.

> **보카 활용포인트**
> '如果'는 가정을 나타내며 뒤의 '那么', '就' 등과 호응하여 함께 쓰입니다.
> : 如果 + 가정, (那么) + 就 + 결과.

虽然
suīrán

(접) 비록 ~이지만, 설령 ~일지라도

虽然下雨, 但我还是去旅游了。
Suīrán xià yǔ, dàn wǒ háishi qù lǚyóu le.
비록 비가 왔지만 나는 그래도 여행을 갔다.

虽然衣服穿得很多, 但是我还是觉得冷。
Suīrán yīfu chuān de hěn duō, dànshì wǒ háishi juéde lěng.
비록 옷을 많이 입었지만 그러나 나는 여전히 춥게 느껴졌다.

'虽然'은 앞 뒤 문맥의 전환을 나타내며 뒤의 '但是', '还 (그러나 여전히),
却 què (그러나 오히려)' 등과 호응하여 함께 쓰입니다.
: 虽然 + 사실, 但是 + 주어 + 还/却 (부) + 결과.

但是
dànshì

(접) 그러나

虽然教室不太大，但是来的学生很多。
Suīrán jiàoshì bú tài dà, dànshì lái de xuésheng hěn duō.
비록 교실이 그렇게 크지 않지만 온 학생은 매우 많았다.

虽然他生病了，但他还是来上课。
Suīrán tā shēng bìng le, dàn tā háishi lái shàng kè.
비록 그는 병이 났지만, 여전히 수업에 왔다.

'但是'는 반드시 뒤 절 맨 앞에 쓰며 이 경우 '可(是)', '不过 búguò', '然
而 ránér'과 동의어입니다.

因为
yīnwèi

(접) 왜냐하면 (~이기 때문에)

他因为生病，所以没去学校。
Tā yīnwèi shēng bìng, suǒyǐ méi qù xuéxiào.
그는 아파서 학교에 가지 않았다.

我因为喜欢中国，所以来中国留学。
Wǒ yīnwèi xǐhuan Zhōngguó, suǒyǐ lái Zhōngguó liú xué.
나는 중국을 좋아하기 때문에 그래서 중국에 유학을 왔다.

所以
suǒyǐ

(접) 그래서, 그러므로

因为是暑假，所以游客很多。
Yīnwèi shì shǔjià , suǒyǐ yóukè hěn duō.
여름방학이라서, 여행객이 많다.

'因为'는 '원인과 결과'를 나타내며 뒤의 '所以'와 호응하여 함께 쓰입니다.
: 因为 + 원인, 所以 + 주어 + 결과.
↳ 뒤 절 맨 앞에 쏨

除了~ 以外
chúle ~
yǐwài

(접) ~을 제외하고, ~만 빼놓고

除了红色以外，我什么颜色都喜欢。
Chúle hóngsè yǐwài, wǒ shénme yánsè dōu xǐhuan.
빨간 색을 제외하고 나는 무슨 색이든 다 좋아한다.

除了我以外，他还知道这件事。
Chúle wǒ yǐwài, tā hái zhīdao zhè jiàn shì.
나뿐만 아니라 그도 이 일을 알고 있다.

> **보카 활용포인트**
>
> (1) '除了 ~ 以外'는 뒤의 '都(dōu)'와 호응하여 함께 쓰면 '앞의 것을 제외하고 모두...이다'라는 뜻으로 앞 절에서 말하는 것은 포함되지 않는 것을 의미합니다.
> [除了 ~ 以外, 都 ….]
> : 他除了学习以外，什么都很好。
> 그는 공부만 빼놓고 다 잘한다.
> (2) '除了 ~ 以外'는 뒤의 '还 (= 又, 也)'와 호응하여 함께 쓰면 '~뿐만 아니라 …도 그러하다'라는 뜻으로 앞 절에서 말하는 것과 뒤 절에서 말하는 것이 모두 포함됨을 의미합니다.
> : 周末，他除了学习以外，还参加两项体育活动。
> 주말에 그는 공부하는 것뿐만 아니라 두 가지 체육활동에도 참가한다.

而且
érqiě

(접) 게다가, 또

他生病了，而且病得很严重。
Tā shēng bìng le, érqiě bìng de hěn yánzhòng.
그는 병이 났고, 게다가 몹시 앓았다.

* 生病 shēng bìng 병이 나다
* 病 bìng 병 / 병나다, 앓다

他不但会说汉语，而且说得很流利。
Tā búdàn huì shuō Hànyǔ, érqiě shuō de hěn liúlì.
그는 중국어를 할 줄 알 뿐만 아니라 게다가 매우 유창하다.

* 流利 liúlì 유창하다, 막힘이 없다

> **보카 활용포인트**
>
> '而且'는 뒤 절 맨 앞에 쓰며, 보통 앞 절의 '不但 búdàn'과 호응하여 함께 쓰입니다.
> : 不但 ~, 而且 ….
>   └→ 뒤 절 맨 앞에 씀

一边
yìbiān

(접) 한편으로 ~하면서 (또 한편으로 …하다), ~하면서 (…하다)

妈妈一边喝茶一边看电视。
Māma yìbiān hē chá yìbiān kàn diànshì.
엄마는 차를 마시면서 TV를 보신다.

你不要一边吃饭一边看报纸！
Nǐ búyào yìbiān chī fàn yìbiān kàn bàozhǐ!
당신은 식사하면서 신문 좀 보지 마세요!

> **보카활용포인트**
>
> '一边'은 '一边 ~ 一边 ….'의 형태로 앞 뒤 절에 호응하여 함께 쓰입니다. 이 경우 두 가지 구체적인 동작이 동시에 일어남을 나타내며 '一面 (yímiàn)~ 一面 (yímiàn) ….'과 동의어입니다.

或者
huòzhě

(접) ~이거나, ~이 아니면 (…이다)

你去或者我去，反正得去一个。
Nǐ qù huòzhě wǒ qù, fǎnzhèng děi qù yí ge.
네가 가거나 아니면 내가 가거나, 아무튼 한명은 가야한다.

* 反正 fǎnzhèng 아무튼, 어쨌든

选择蓝色或者选择白色，你自己决定吧。
Xuǎnzé lánsè huòzhě xuǎnzé báisè, nǐ zìjǐ juédìng ba.
파란색을 선택할 지 아니면 흰색을 선택할 지 네 스스로 결정하렴.

* 选择 xuǎnzé 선택하다, 뽑다

还是
háishi

(접) 또는, 아니면

你要喝茶，还是喝咖啡？
Nǐ yào hē chá, háishi hē kāfēi?
너 차 마실래 아니면 커피 마실래?

你喜欢冬天还是夏天？
Nǐ xǐhuan dōngtiān háishi xiàtiān?
너는 겨울을 좋아하니 아니면 여름을 좋아하니?

我穿裙子好看还是穿裤子好看?
Wǒ chuān qúnzi hǎokàn háishi chuān kùzi hǎokàn?
내가 치마 입은 게 예뻐 아니면 바지 입은 게 예뻐?

보카 활용포인트

'**或者**'와 '**还是**'는 모두 '둘 중 하나를 선택'할 때 쓰는 접속사입니다.

(1) 평서문에서 '〜이거나 …이다'라는 뜻으로 쓰는 경우에는 둘 다 쓸 수 있습니다.

(2) 의문문에서 '〜니? 아니면 …니?'라는 뜻으로 쓰는 경우에는 '**还是**'만 쓸 수 있습니다.

명사/대명사, 동사, 부사 등 다른 낱말 뒤에 쓰여 다른 말과의 관계를 나타내거나, 그 말의 뜻을 도와주는 낱말을 '조사'라고 합니다. 조사에는 '了, 着, 过'와 같이 과거·현재·미래를 나타내는 '동태조사', '的, 地, 得'와 같이 낱말과 낱말 사이의 관계를 나타내는 '구조조사', '吗, 吧, 呢, 啊'와같이 문장 맨 끝에 쓰여 어기를 나타내는 '어기조사'가 있습니다.

(1) 동태조사

□ 了 le ~했다		□ 过 guo ~한 적이 있다	
□ 着 zhe ~하고 있(는 중이)다			

了
le

(조) ~했다

他昨天读了一本书。
Tā zuótiān dú le yì běn shū.
그는 어제 책 한 권을 읽었다.

> **보카 활용포인트**
> (1) '了'는 동사 바로 뒤에서 '동작의 완성'을 나타냅니다.
> 예 我去年学习了汉语。 나는 작년에 중국어를 공부했다.
> 　 我参加了几次会议。 나는 회의에 몇 번 참가했다.
> (2) '了'는 문장 맨 끝에 쓰여 '변화'의 의미를 나타냅니다.
> 예 天阴了。 날이 흐려졌다.
> 　 孩子突然哭起来了。 아이가 갑자기 울기 시작했다.
> (3) '了'는 문장 맨 끝에서 수량과 함께 쓰여 '지속, 계속'의 의미를 나타냅니다.
> 예 我(学)汉语学了两年了。 나는 중국어를 2년째 배우고 있다.

着
zhe

(조) ~하고 있다

妈妈抱着孩子，脸上带着笑容。
Māma bàozhe háizi, liǎn shàng dàizhe xiàoróng.
엄마가 아이를 안고 있는데 얼굴에는 웃음을 띠고 있다.

* 抱 bào 안다, 껴안다, 포옹하다
* 带 dài (표정을) 띠다, 나타내다, 머금다

(1) '着'는 서술어 뒤에서 '현재 진행' 또는 '상태의 지속'을 나타냅니다.
　예 我和他一起坐着说。나와 그는 함께 앉아서 이야기를 하고 있다.
　　我们在外边儿唱着歌儿。우리는 밖에서 노래를 부르고 있다.
(2) '着'는 일부 형용사 뒤에 쓰여 '상태의 지속'을 나타냅니다.
　예 她红着脸说。그녀는 얼굴을 붉히면서 말한다.
　　* 红脸 hóng liǎn 얼굴을 붉히다
(3) 서술어가 2개가 있는 경우 '着'는 첫 번째 서술어 뒤에서 '~하면서 …하다'는 뜻으로 쓰여 두 가지 동작이 동시에 진행되는 것을 나타냅니다.
　예 我吃着点心走路。나는 과자를 먹으면서 길을 걷고 있다.

过
guo

(조) 이전에 ~한 적이 있다

我在书上读过这个故事。
Wǒ zài shū shàng dúguo zhè ge gùshi.
나는 책에서 이 이야기를 읽은 적이 있다.

(1) '过'는 동사 뒤에서 '과거의 경험'을 나타냅니다.
　예 我曾看过这本教材。나는 전에 이 교재를 본적이 있다.
(2) 문장 중에 동사서술어가 여러 개 있는 경우 '过'는 맨 마지막 동사 뒤에 씁니다.
　예 我到那个电影院去看过电影。
　　나는 그 극장에서 영화를 본 적이 있다.

(2) 구조조사

□	的	de	~의, ~한, ~의 것	□ 得 de	(~한 정도가) …하다
□	地	de (=di)	~하게, ~히		

的
de

(조) ~의, ~한, ~하는

这是我的东西, 不是他的。
Zhè shì wǒ de dōngxi, bú shì tā de.
이것은 내 물건이고, 그의 것이 아니다.

> **보카활용포인트**
> 명사나 대명사 앞에서 수식을 하는 낱말을 관형어라고 하는데 '的'는 관형어 뒤에 함께 쓰입니다.
> (1) 2음절 이상이 명사/대명사를 수식하는 경우 보통 '的'를 함께 씁니다.
> : 可爱的孩子 귀여운 아이 / 便宜的东西 싼 물건
> * 可爱 kěài 귀엽다, 사랑스럽다
> * 便宜 piányi (값이) 싸다
> (2) 친구나 가족관계를 나타내는 경우 '的'를 생략할 수 있습니다.
> : 我(的)爸爸 나의 아빠 / 我(的)妈妈 나의 엄마 / 我(的)朋友 내 친구
> (3) '정도부사 + 형용사'의 형태가 명사/대명사를 수식하는 경우 반드시 '的'를 함께 씁니다.
> : 很漂亮的女孩子 아주 예쁜 여자아이 / 非常大的房间 매우 큰 방
> (4) 소유를 나타내는 경우 반드시 '的'와 함께 씁니다.
> : 我的书 나의 책 / 你的东西 네 물건

地
de(=di)

(조) ~하게, ~히, ~으로

他向我慢慢地走过来。
Tā xiàng wǒ mànmān de zǒu guò lái.
그는 나를 향해서 천천히 걸어왔다.

> **보카활용포인트**
> 동사서술어 또는 형용사 서술어 앞에서 수식을 하는 낱말을 부사어라고 합니다. '동사, 형용사, 수량사' 뒤에 '地'를 쓰면 서술어 앞의 부사어로 쓸 수 있습니다.
> : 高兴地笑 기쁘게 웃다 / 不停地说 끊임없이 말하다 / 幸福地生活 행복하게 생활하다
> * 笑 xiào 웃다
> * 不停地 bù tíng de 끊임없이
> * 幸福 xìngfú 행복(하다)

得
de

(조) (~한 정도가) …하다, ~하는 것이

他说话说得很流利。
Tā shuōhuà shuō de hěn liúlì.
그는 말을 매우 유창하게 한다.

> **보카활용포인트**
> 서술어 뒤에 쓰여 서술어를 보충 설명하는 말을 보어라고 하며, 동작이 도달한 정도를 설명하는 것을 정도보어라고 합니다. 이 경우 서술어 뒤에 '得'를 함께 씁니다. 정도보어의 대표적인 형태는 다음과 같습니다.
> → 주어 + 동사서술어 + 得 + 정도부사 + 형용사.

: 我们玩儿得很开心。 우리는 아주 신나게 놀았다.
　她写汉字写得很漂亮。 그녀는 한자를 아주 잘 쓴다.
* 开心 kāixīn 유쾌하다, 즐겁다
* 漂亮 piàoliang 예쁘다, 아름답다 / (일처리, 행동, 말 따위가) 뛰어나다,
　훌륭하다

(3) 어기조사

☐ 呢	ne	~입니까, ~하고 있다, ~은요?	☐ 吧	ba	~지요, ~자, ~죠
☐ 吗	ma	~입니까?	☐ 啊	a	경이와 찬탄을 나타냄

呢
ne

(조) ~입니까, ~하고 있다, ~은요?

你现在干什么工作呢?
Nǐ xiànzài gàn shénme gōngzuò ne?
당신은 지금 무슨 일을 하나요?

보카 활용포인트

문장 끝에 쓰여 말의 어기를 나타내는 낱말을 '어기조사'라고 합니다.
(1) '呢'는 문장 끝에 사용하여 말의 어기를 완화시켜주며, 주로 의문 대명사
　가 있는 의문문의 맨 뒤에 쓰입니다.
(2) '주어+呢?'의 형태로 '~은요?'의 뜻이며 술어의 생략의문을 나타냅니다.
　例 我住八楼, 你呢? 나는 8층에서 살고 있는데, 너는?
　　 我不太忙, 你呢? 별로 안 바쁜데 너는?

吗
ma

(조) ~입니까?

我还没吃饭, 你吃饭了吗?
Wǒ hái méi chī fàn, nǐ chī fàn le ma?
나는 아직 밥을 안 먹었는데 너는 식사했니?

보카 활용포인트

어기조사 '吗'는 문장 맨 뒤에 쓰이며 상대방에게 질문을 하는 의문문에 사
용합니다.
例 你是中国人吗? 당신은 중국인입니까?

吧
ba

(조) ～지요, ～자, ～죠

我们一起散散步吧。
Wǒmen yìqǐ sànsàn bù ba.
우리 같이 산책을 좀 하자.

> **보카 활용포인트**
> (1) 어기조사 '吧'는 문장 맨 끝에 써서 '명령, 청유, 재촉'을 나타냅니다.
> ㉠ 你别说了吧! 그만 말해라!
> 　咱们一起走吧。 우리 함께 가자.
> 　我们赶快回家吧。 우리 빨리 집에 갑시다.
> * 赶快 gǎnkuài 빨리, 얼른, 어서
> (2) '吧'는 '추측'의 어기를 나타냅니다.
> ㉠ 这是你儿子吧? 얘가 당신 아들인가 봐요?
> (3) 아는 것을 다시 한 번 확인하기 위해서 상대방에게 물어볼 때 씁니다.
> ㉠ 上次考试不太难吧? 지난 번 시험 별로 어렵지 않았죠?

啊
a

(감탄) 경이 · 찬탄을 나타냄

这个地方的风景真美啊!
Zhè ge dìfang de fēngjǐng zhēn měi a!
이곳 경치는 정말 아름답네요!

색인

J

Y